Über dieses Buch

Gold und Geld spielen in zahlreichen Märchen eine wichtige Rolle. Dabei geht es nicht nur um Goldschätze und um Reichtum, der sich in zu Münzen geprägtem Gold manifestiert.

Gerade das Gold ist im Märchen ein viel weiter gefasster Symbolbegriff. Gold steht für Schönheit (goldene Haare, goldene Kleider) und Tugend (goldenes Herz); es kennzeichnet Glücksbringer (goldene Federn, goldene Früchte) oder wundertätige Heilmittel (goldenes Wasser). Stets zeigt das Gold im Märchen Dinge von hohem Wert an.

Ist vom Gold als konkretem, wertvollem Metall die Rede, so interessiert sich das Märchen hauptsächlich für seine höchst ambivalenten Wirkungen auf Menschen und ihren Charakter: Habgier und Geiz, aber auch Großzügigkeit und Mildtätigkeit. Auf dem Reichtum, ob in Form von Gold oder Geld, kann Fluch oder Segen liegen, er kann dem Glück dienen oder ins Unglück führen, je nachdem, welcher Gebrauch davon gemacht wird. Viele lebenskluge Märchen spiegeln diesen wichtigen Bereich menschlichen Daseins in facettenreicher Weise wider.

Über die Herausgeber

Hannelore Marzi, 1942 in Stettin geboren und in Lübeck aufgewachsen, arbeitete nach dem Studium der Pädagogik als Lehrerin in unterschiedlichen Schulformen im In- und Ausland. Heute lebt sie in Frankfurt am Main. Sie übersetzt und erzählt Märchen für Erwachsene und Kinder und studiert Orientalische Philologie aus Interesse für die Sprachen und die Literatur der islamischen Länder und der Türkei. Sie hat bereits zahlreiche bekannte Märchensammlungen herausgegeben.

Günther Westenberger, 1958 in Mainz geboren und dort aufgewachsen, studierte Musikpädagogik, Komposition und Flöte an den Musikhochschulen in Frankfurt am Main und in Stuttgart. Er ist heute hauptberuflich Soloflötist im Staatsorchester Braunschweig. Außerdem betätigt er sich als Komponist und Autor und befasst sich schon lange intensiv mit überlieferten Volkserzählungen.

Märchen von Gold und Geld

Herausgegeben
von
Hannelore Marzi
und
Günther Westenberger

KÖNIGSFURT-URANIA

Überarbeitete und neu zusammengestellte Erfolgsausgabe

Bibliographische Information der Deutschen Nationalbibliothek

Die Deutsche Nationalbibliothek verzeichnet diese Publikation in der Deutschen Nationalbibliographie; detaillierte bibliographische Daten sind im Internet über http://dnb.d-nb.de abrufbar.

Sonderausgabe
Krummwisch bei Kiel 2010

D-24796 Krummwisch
www.koenigsfurt-urania.com

Umschlaggestaltung: Stefan Hose, Götheby-Holm,
unter Verwendung eines Motivs von Lo Scarabeo
Lektorat und Redaktion: Martina Kloth
Satz: Stefan Hose, Götheby-Holm
Druck und Bindung: CPI Moravia
Printed in EU

ISBN 978-3-86826-015-1

Inhalt

Wie das Gold in die Welt kam

Es wird erzählt, dass ein Gelehrter vor langer Zeit im Hof der Moschee von Córdoba einen Sonnenstrahl in der Erde vergrub und versicherte, dass jener sich, wenn man ihn nach vielen Jahren ausgraben würde, in ein Goldstück verwandelt hätte.

Jeden Morgen, wenn die Sonne am Himmel erschien, schickte sie ihre warmen, goldenen Strahlen auf die Erde, und der neue Tag begann festlich: Die Wellen glitzerten, das Laub der Bäume erglänzte, und die Blumen öffneten ihre bunten Kelche; die Lerchen jubilierten, und die Menschen lächelten.

Wenn sich der Himmel gegen Abend verdüsterte, der Wind auffrischte und die Dämonen sich bereit machten, ihre Herrschaft über die Erde anzutreten, rief die Sonne ihre Kinder zurück. Sie kamen und schliefen im Schoß ihrer Mutter, die weiter ruhig ihre Bahn zog, und träumten von der Erde und ihren Geschöpfen, die sie zärtlich liebten.

Jeden Tag fiel es den Sonnenstrahlen schwerer, die Erde zu verlassen. Jeden Abend verweilten sie länger auf den Gipfeln der höchsten Berge, um ihr von dort ein letztes Lebewohl zuzuwinken, und kehrten immer später zu ihrer Mutter zurück. Auch die Erde war unglücklich, dass die Sonnenstrahlen sie verließen. »Bleibt noch ein wenig!« bat sie. »Ohne euch ist die Nacht so lang und so kalt und finster!«

»Auch uns wird die Nacht lang, wenn wir nicht bei dir sind«, antworteten die Sonnenstrahlen. »Hab Geduld, morgen früh kommen wir wieder!« Da streifte die glutrote Sonne schon den

Horizont und rief ihren säumigen Kindern zu: »Die Nacht ist nah, und die Zeit der Dämonen beginnt! Beeilt euch! Kehrt zurück!«

Eines Abends wollten die Sonnenstrahlen ihrer Mutter nicht länger gehorchen und blieben auf der Erde, um sie vor Kälte und Dunkelheit zu schützen und sie vor den Nachstellungen der Dämonen zu bewahren. Da sprachen die Sterne: »Fort mit euch, denn sind nicht wir da, um die Nacht zu erleuchten?«

Die Sonnenstrahlen erwiderten aber: »Euer Schein ist schwach und euer Licht kalt. Wir lassen die Erde nicht im Stich; wir bleiben.«

Da strafte Gott sie für ihren Ungehorsam und sprach: »Ihr sollt unter die Erde verbannt sein und niemals mehr auf ihr herumwandern und Licht und Wärme spenden! Euren Glanz und Eure Schönheit will ich euch lassen, aber sie werden den Menschen nicht nur zur Freude gereichen, sondern Hass und Zwietracht unter ihnen säen.«

Und wie Gott gesprochen hatte, geschah es: Im Schoß der Erde verloren die Sonnenstrahlen ihre anmutige Beweglichkeit und ihre Wärme. Sie wurden starr und kalt, aber wenn sie ans Licht geholt wurden, funkelten und blitzten sie wie früher. Die Menschen nannten sie Gold. Und sie liebten das Gold: Sie vergötterten es und errichteten ihm Altäre in ihren Herzen. Sie führten Kriege um seinetwillen und begingen Verbrechen, um es zu besitzen, aber sie machten es einander auch zum Geschenk als Ausdruck ihrer Zuneigung und Verehrung ... Bis in unsere Tage hat das Gold nichts von seinem Zauber verloren, und sein reiner, strahlender Glanz erinnert uns daran, dass es von der Sonne abstammt.

Arabisches Märchen

Der junge Bauer und die weiße Schwänin

Es war einmal ein junger Bauer, dem war die Mutter früh gestorben. Die Stiefmutter war eine böse Frau. Sie trug ihm die schwersten Arbeiten auf, gönnte ihm keine Ruhe und gab ihm nie ein gutes Wort. Tag für Tag schickte sie ihn hinaus auf den Acker, und dort pflügte er und säte und erntete und mühte sich ab, und so ging es jahraus und jahrein.

Eines Tages kam er hinunter an den See und fand dort eine weiße Schwänin, die sich in einer Schlinge verfangen hatte und am Fuß verletzt war. Er befreite sie und nahm sie mit nach Hause, legte ihr Wegerich auf die Wunde und versorgte sie gut. Kaum aber verließ er das Haus, packte die Stiefmutter das hilflose Tier, rupfte ihm alle Federn aus und warf sie in den glühenden Ofen.

Als der junge Bauer am Abend heimkam und den armen Vogel so jämmerlich zugerichtet fand, weinte er bittere Tränen. Eine seiner Tränen fiel auf die Schwänin, und siehe, da verwandelte sie sich in ein schönes junges Mädchen mit langen, goldenen Flechten. Er sah sie an und verliebte sich in sie, nahm sie bei der Hand und sprach: »Du und keine andere sollst meine liebe Braut sein.« Die Stiefmutter sagte kein Wort, der Vater aber segnete die beiden, und bald wurde die Hochzeit gefeiert.

Den jungen Ehemann freuten Anmut und Schönheit seiner jungen Frau jeden Tag aufs neue, und die Liebe, die sie ihm schenkte, machte ihn so glücklich, dass die bösen Kränkungen seiner Stiefmutter ihm nichts mehr anhaben konnten. Die junge Schwanenfrau aber litt sehr unter der Bosheit der Stiefmutter, denn diese hasste sie und quälte sie, wo sie nur konnte. Deshalb sagte sie eines Tages zu ihrem Mann: »Ach, Liebster, lass uns zu meinen Brüdern und Schwestern, den Schwänen, fliegen, denn schlecht sind die Menschen, und schwer ist das Leben auf der Erde.« Aber da schüttelte er den Kopf und gab traurig zur Antwort: »Das kann ich nicht. Wir Menschen sind nicht wie die Vögel.«

Eines Morgens bald nach Sonnenaufgang schickte die Stiefmutter die junge Schwanenfrau zur Quelle in den Wald. Als sie ihren Krug dort füllte, sang sie ein Lied voll Trauer und Schwermut. Da war auf einmal ein Geschwirr in der Luft, und viele weiße Schwäne kamen geflogen und warfen ihr Federn herab. Sie sammelte alle sorgsam auf und versteckte sie unter einer Baumwurzel. Am nächsten Morgen ging sie wieder zur Quelle in den Wald und sang dort ihr Lied voll Trauer und Schwermut. Und wieder kamen die Schwäne geflogen und warfen ihr Federn herab. Sie hob auch diese sorgsam auf und legte sie zu den andern. Am dritten Morgen schaute sie ihren Mann lange bekümmert an, küsste ihn dann und machte sich still und traurig auf den Weg in den Wald. Er aber folgte ihr heimlich und verbarg sich nahe der Quelle.

Da sah er, wie viele weiße Schwäne herbeiflogen und Federn herab warfen, sah, wie seine Frau sie aufsammelte und sie mit anderen Federn, welche sie unter einer Baumwurzel hervorholte, über sich warf und wieder zu der weißen Schwänin wurde. Weit breitete sie ihre Flügel aus, da sprang er aus seinem Versteck hervor und wollte sie zurückhalten, aber es war zu spät: Schon flog sie zu ihren Brüdern und Schwestern in die Wolken hinauf.

Er begann bitterlich zu weinen und rief: »Ach, Liebste, ohne dich will ich nicht leben! Lass auch mich ein Schwan werden, damit ich immer bei dir sein kann!«

Als die Schwäne dies hörten, kehrten sie alle miteinander um und warfen auch ihm Federn herab. Kaum hatte er sie über sich geworfen, verwandelte er sich in einen weißen Schwan, hob sich in die Lüfte und flog bald Seite an Seite mit seiner Frau hoch am Himmel dahin.

Märchen aus Litauen

Die Zwillingsknaben mit dem goldenen Stern

Es war einmal, was einmal war.
Wäre es nicht gewesen, würde es nicht erzählt.

Es war einmal ein Kaiser, der herrschte über eine ganze Welt. In dieser Welt lebte ein alter Hirt mit seiner Frau, und die beiden hatten drei Töchter: Anna, Stana und Laptitza, das heißt Milchweißchen, denn *lapte* bedeutet Milch.

Anna, die älteste der Schwestern, war so schön, dass die Schafe zu weiden aufhörten, sobald sie in ihre Mitte trat. Stana, die mittlere, war so schön, dass die Wölfe kamen und die Herde bewachten, wann immer sie Hüterin war. Laptitza aber, die jüngste weiß wie der Schaum der Milch und mit Haaren weich wie die Wolle der Lämmchen, Laptitza war so schön wie ihre beiden Schwestern zusammen, so schön, wie nur sie allein sein konnte.

An einem Sommertag, als die Strahlen der Sonne weniger sengend zu werden begannen, gingen die drei Schwestern an den Saum des Gebirgswaldes, um Erdbeeren zu pflücken. Während sie die Erdbeeren suchten, hörten sie wildes Pferdegetrappel, als ob ein ganzer Reitertrupp heranstürmte. Es war aber der Sohn des Kaisers, der mit seinen Freunden und Höflingen zur Jagd zog, lauter schöne, stolze Jünglinge wie angewachsen auf dem Rücken der Pferde, aber der schönste und stolzeste unter ihnen, das war der Kaisersohn selbst, und er ritt das stolzeste Ross.

Sobald die Reiter näher heran waren und die drei Schwestern erblickten, zügelten sie das Ungestüm ihrer Pferde und ritten langsam dahin. Da sagte Anna: »Hört, Schwestern, wenn einer dieser Jünglinge mich zur Gemahlin nähme, würde ich ihm ein Brot backen, von dem er sich ewig jung und mutig fühlte, wenn er es äße.«

»Ich«, sagte Stana, »wenn ich zur Ehefrau erkoren würde, so würde ich meinem Gemahl ein Hemd weben, mit dem angetan er gegen Drachen kämpfen könnte und durchs tiefste Wasser gehen, ohne nass zu werden, und durchs heißeste Feuer, ohne sich zu verbrennen.«

»Ich aber«, sagte Laptitza, die jüngste der Schwestern, »ich würde meinem Gemahl zwei schöne Söhne schenken, Zwillinge, wie man noch nie welche gesehen hat, mit goldenem Haar und mit einem goldenen Stern auf der Stirn, der leuchtet wie der Morgenstern.«

All dies hörten die Jünglinge, und, die Zügel der Rosse wendend, eilten sie auf die Mädchen zu. »Heilig sei dein Wort, und mein sollst du werden!« rief der Sohn des Kaisers und hob Laptitza hoch auf sein Ross. »Und du mein!« – »Und du mein!« riefen ein zweiter und ein dritter Jüngling, nahmen Anna und Stana zu sich aufs Ross und sprengten gemeinsam zum Kaiserhof zurück.

Am anderen Tag wurde dreifache Hochzeit gehalten, und drei Tage und drei Nächte feierte das ganze Reich das Freudenfest mit großer Pracht und Herrlichkeit. Und nach abermals drei Tagen und drei Nächten ging die Kunde durch das Land, dass Anna Korn gesammelt, gemahlen, gesiebt und geknetet und das Brot gebacken habe, wie sie es beim Erdbeersuchen versprochen hatte. Und nach wiederum drei Tagen und drei Nächten ging die neue Kunde durch das Land, dass Stana Leinfäden gesammelt, den Hanf gebrochen, gedörrt, gehechelt und zu Linnen gesponnen, das Linnen gewebt und ihrem Gemahl ein Hemd auf den Leib genäht habe, wie sie es beim Erdbeersuchen versprochen hatte.

Nur Laptitza hatte ihr Wort noch nicht erfüllt, doch nur mit der Zeit erfüllt sich Großes ... Als sich zum siebenten Male der siebente Tag – vom ersten Tage der Hochzeit an gezählt – vollendete, erschien der Kaisersohn vor seinen Tapferen und dem anderen Hofstaat mit freudigerem Gesicht und weicherer Stimme als sonst und tat kund und zu wissen, dass er von jetzt ab seinen Hof lange Zeit nicht verlassen werde, weil das Herz ihn ziehe, Tag und Nacht bei seiner Gemahlin zu bleiben. Und die Welt und das Land und das ganze Kaiserreich freuten sich darauf, bald zu sehen, was noch nie einer erblickt hatte.

Ja, aber vieles geschieht in der Welt, und unter dem Vielen viel Gutes und viel Böses.

Der Kaisersohn hatte nämlich eine Stiefmutter bekommen, und diese hatte eine schönhaarige Tochter mit ins Haus gebracht, welche von ihrem ersten Gemahl war. Weh jenen, die in solche Verwandtschaft geraten!

Die Stiefmutter hatte gehofft, dass ihre Tochter die Gemahlin des jungen Kaisers und Kaiserin über das ganze Reich würde und nicht Milchweißchen, die Tochter des Hirten. Wenn nun geschehen würde, was Laptitza versprochen hatte, wollte die Kaiserin alles tun, dass es anders aussähe, als es wirklich geschehen war. Noch aber konnte sie ihren Plan nicht ausführen, weil der Kaisersohn Tag und Nacht bei seiner Gemahlin blieb. Sie dachte aber, dass sie ihn nach und nach durch Schlauheit und listige Rede davon abbringen könnte. Dann würde Laptitza ihrer Obhut übergeben, und sie wollte dann schon recht für sie sorgen!

Mit Reden und Worten konnte sie den Kaisersohn aber nicht von seiner Gemahlin entfernen. Ihre Worte verwehten im Wind, und alle Schlauheit blieb erfolglos. Die Zeit verging, der sehnlichst erwartete Tag rückte heran, schon morgen, übermorgen konnte er da sein, und der Kaisersohn trennte sich nicht von seiner Gemahlin. Als die Stiefmutter sah, dass nichts anschlug, legte es sich ihr wie ein Stein auf das Herz, und sie schickte Nachricht und Kunde an ihren Bruder, dessen Reich nahe lag, dass er mit Helden und Soldaten kommen solle, um den Kaiser in den Krieg zu rufen.

Dies war gut ausgedacht und, wie man sehen wird, nicht vergeblich. Der Kaisersohn sprang hoch auf vor Zorn, als er die Kunde hörte, dass die Soldaten des Feindes auf dem Wege seien, um in sein Land einzufallen und eine furchtbare Schlacht zu beginnen. Da sah er, dass jetzt keine Hilfe mehr sei und er tun müsse, was getan werden musste. So sind Kaisersöhne! Wie gern sie auch die Gemahlin behüten, wie sehnsüchtig sie auch die Söhne erwarten: Wenn sie von Krieg hören, dreht sich ihnen das Herz im Leibe herum, springt ihnen das Gehirn im Kopf und trüben sich ihnen die Augen; da lassen sie Frau und Kind in des lieben Gottes Schutz und eilen wie der Wind in den Krieg!

Der Kaisersohn brach auf wie die Gefahr, wütete wie die Strafe Gottes, schlug sich, wie nur er sich schlug, und war am dritten Tag bei Morgengrauen wieder am kaiserlichen Hof, das Herz durch den Kampf gestillt, aber voll ungestillter Sehnsucht zu wissen, was geschehen sei, seitdem er fortgezogen.

Und das war geschehen: Gerade am dritten Tage im Morgengrauen, als die Sterne am Himmel erloschen, als der Kaisersohn nur noch drei Schritte von dem Tore seines Palastes entfernt war, geschah, was Laptitza vorausgesagt hatte: Zwei schöne Knaben, zwei Kaisersöhne mit goldenem Haar und goldenem Stern auf der Stirn, erblickten das Licht der Welt.

Aber die Welt sollte sie nicht sehen.

Die Stiefmutter, böse, wie ihre Gedanken waren, legte schnell zwei junge Hunde an die Stelle der schönen Knaben und grub die Kinder an einer Ecke des Palastes ein, gerade unter den Fenstern des Kaisers. Als der Kaisersohn bei seiner Gemahlin eintrat und endlich hören und sehen wollte, da hörte er nichts und sah nur die beiden Hündchen, welche die Stiefmutter in Laptitzas Bett gelegt hatte. Viele Worte wurden nicht verloren. Der Kaisersohn sah ja mit eigenen Augen, was geschehen war. Laptitza hatte ihm die goldenen Zwillingsknaben nicht geboren, und so blieb nichts anderes, als dass sie Strafe träfe. Obwohl es dem Kaisersohn das Herz zerriss, befahl er, dass man die Kaiserin bis an die Brust in die Erde eingraben solle, damit sie so in den Augen der Welt bleibe zum Zeichen, wie denen geschieht, die einen Kaisersohn betrügen. Am andern Tage schon geschah es nach dem Wunsch der Stiefmutter, dass der Kaisersohn sich zum zweiten Mal vermählte, und wiederum dauerte die Freude der Hochzeit drei Tage und drei Nächte. Aber Gottes Segen ruht nicht auf ungerechter Tat. Die beiden Prinzen fanden keine Ruhe in der Erde. Dort, wo sie begraben waren, wuchsen zwei schöne Espen. Als die Stiefmutter sie sah, befahl sie, dass man sie mit der Wurzel ausreiße. Der Kaiser aber sagte: »Lasst sie wachsen! Sie gefallen mir vor meinem Fenster. Solche Espen habe ich noch niemals gesehen.« Und so wuchsen die Espen und wuchsen so, wie andere Espen nicht wachsen: an jedem Tag ein Jahr und in jeder Nacht ein anderes Jahr, aber im Morgengrauen, wenn die Sterne am Himmel erloschen, drei Jahre in einem Augenblick.

Als drei Tage und drei Nächte vollendet, waren die beiden Espen stolz und hoch und reichten mit ihren Zweigen bis an die Fenster des Kaisers. Und wenn der Wind ihre Zweige bewegte, so lauschte der Kaiser ihrem Geflüster und lauschte Stunden und Tage. Die Stiefmutter ahnte, was es war, das ihn zum Lauschen verführte, und sann hin und her, wie sie die Espen vertilgen könnte. Es war schwer, aber der Frauen Wille presst Milch aus Stein. Der Frauen List besiegt die Helden. Was Kraft nicht vermag, vermögen süße Worte, und was diese nicht können, bewirken heuchlerische Tränen.

Eines Morgens setzte sich die Kaiserin auf den Rand des Bettes zu ihrem Gemahl und begann ihn mit Liebesworten und Zärtlichkeiten zu überschütten. Es dauerte lange, aber endlich – auch Kaiser sind ja Menschen – sagte der Kaisersohn mit halbem Munde: »Also gut, es sei nach deinem Willen: Lass die Espen fällen, aber aus der einen soll ein Bett für mich, aus der anderen eines für dich gemacht werden!« Die Kaiserin war es zufrieden. Die Espen wurden gefällt, und es war noch nicht Nacht geworden, da wurden die beiden Betten schon fertig in das kaiserliche Schlafgemach gestellt.

Als der Kaisersohn sich in das neue Bett legte, fand er darin so süße Ruhe, wie er sie noch nie gefunden. Der Kaiserin aber schien es, als läge sie auf Nesseln und Dornen, so dass sie die ganze Nacht kein Auge zutun konnte.

Kaum war der Kaiser eingeschlafen, da fingen die Betten zu knarren an, und aus diesem Knarren vernahm die Kaiserin einen bekannten Sinn. Es war ihr, als höre sie Worte; es waren aber Worte, die außer ihr niemand verstand:

»Ist es dir schwer, Brüderlein?« klang es aus dem einen Bett.

»Mir? Nein, mir ist es nicht schwer«, antwortete es aus dem anderen Bett, in dem der Kaiser schlief, »mir ist wohl, denn auf mir ruht mein geliebter Vater.«

»Mir ist's schwer«, kam es zurück, »denn auf mir liegt eine böse Seele.« Und so sprach es aus den Betten weiter zu Ohren der Kaiserin die ganze Nacht bis zum Morgengrauen.

Als der Tag anbrach, bedachte die Kaiserin, wie sie die Stimmen zum Schweigen bringen könne, und beschloss, die Betten zu vernichten. Sie bestellte darum zwei andere Betten gerade so wie die ihren, und als der Kaiser auf die Jagd gegangen war, ließ sie diese ohne sein Wissen in das Schlafgemach setzen; die Betten aus den Espen aber warf sie bis auf das kleinste Brettchen ins Feuer. Das Feuer prasselte, und im Prasseln des Feuers glaubte die Kaiserin immer wieder die gleichen Worte zu hören; es waren aber Worte, deren Sinn nur sie verstand.

Als die Betten gänzlich verbrannt waren, so dass nicht das kleinste Stückchen Kohle übriggeblieben war, sammelte die Kaiserin alle Asche und warf sie in die Winde, dass sie in neun Länder und neun Meere zerstiebe und ein Teilchen das andere in Ewigkeit nicht fände. Sie hatte aber nicht bemerkt, dass, gerade als das Feuer am hellsten brannte, zwei Funken heraussprangen, hoch hinauf schwebten und endlich in das tiefe Wasser fielen, welches mitten durch das Kaiserreich floss. Dort wurden aus den beiden Funken zwei Fischlein mit goldenen Schuppen, eines ganz so wie das andere und einander so gleich, dass jedermann wissen musste, dass es Zwillingsbrüder seien.

Eines Tages standen die kaiserlichen Fischer frühmorgens auf und warfen ihre Netze aus. Gerade in dem Augenblick, als die letzten Sterne am Himmel erloschen, zog einer von ihnen sein Netz heraus und erblickte, was er noch niemals gesehen: zwei Fischlein mit goldenen Schuppen. Die Fischer liefen zusammen, um das Wunder anzuschauen, und als sie es lange beschaut und bewundert, beschlossen sie, die Fischlein lebend, wie sie waren, dem Kaiser als Geschenk zu überbringen. Da sprach eines der Fischlein: »Bringt uns nicht dorthin, denn von dort kommen wir, und dort ist unser Verderben.«

»Aber was soll ich mit euch machen?« fragte der Fischer, dem sie ins Netz gegangen waren. Da sagte das zweite Fischlein: »Geh und sammle den Tau von den Blättern, lass uns im Tau schwimmen, leg uns an die Sonne, und komm nicht eher wieder, als bis die Sonnenstrahlen allen Tau, der auf uns ist, aufgesogen.«

Der Fischer tat, wie ihm geheißen. Er sammelte den Tau von den Blättern, ließ die Fischlein im Tau schwimmen, legte sie in die Sonne und ging fort. Er kam nicht eher wieder, als bis die Sonne allen Tau von den Fischlein gesogen. Aber was war da geschehen! Was erblickte er! ... Zwei schöne Knaben, wunderschöne Prinzen mit goldenem Haar und mit goldenem Stern auf der Stirn, einer wie der andere, so dass jeder, der sie sah, wissen musste, dass sie Zwillingsbrüder seien.

Die Knaben wuchsen schnell, an jedem Tag ein Jahr und in jeder Nacht ein anderes Jahr, aber im Morgengrauen, wenn die

Sterne am Himmel erloschen, drei Jahre in einem Augenblick. Sie wuchsen nicht nur an Alter, wie andere nicht wachsen, sondern auch dreifach an Kraft und dreifach an Verstand und hatten nach drei Tagen zwölf Jahre an Alter, vierundzwanzig Jahre an Kraft und sechsunddreißig Jahre an Verstand. Da sagte einer der Prinzen zu dem Fischer: »Jetzt lass uns zu unserem Vater gehen!« Der Fischer zog die beiden schön an und setzte jedem eine Lammfellmütze auf, welche die Knaben tief ins Gesicht zogen, damit niemand ihr goldenes Haar und den goldenen Stern sähe. Dann führte er sie zum Kaiserhof.

Es war ein heller Tag, als sie bei Hofe anlangten. »Wir wollen den Kaiser sprechen«, sagte einer der Prinzen zu der Wache, die bewaffnet am Tor des Palastes stand. »Das geht nicht«, antwortete die Wache, »der Kaiser sitzt gerade bei Tisch.«

»Gerade weil er bei Tisch sitzt ... !« rief der zweite Prinz und trat durch das Tor ein. Die Wachen liefen zusammen und wollten die Knaben vom Hofe fortjagen, aber diese gingen mitten durch sie hindurch, so wie einem Quecksilber durch die Finger läuft. Mit drei Schritten vorwärts und drei Schritten aufwärts standen sie vor dem großen Saal, in dem der Kaiser mit seinem Hofstaat speiste. »Wir wollen eintreten!« sagte einer der Prinzen scharf zu den Dienern, die an der Tür standen. »Das geht nicht an!« entgegnete einer der Diener.

»So? Das wollen wir doch sehen, ob es angeht oder nicht!« rief der andere Prinz und schob die Diener rechts und links beiseite. Es waren aber der Diener viele und der Prinzen nur zwei, und so gab es ein Gedränge und einen Lärm, dass es im ganzen Palast widerhallte.

»Was gibt es dort draußen?« fragte der Kaiser erzürnt. Die Prinzen hielten ein, als sie des Vaters Stimme hörten. »Zwei Knaben wollen mit Gewalt bei Euch eindringen«, verkündete ein Diener, indem er zum Kaiser eintrat.

»Mit Gewalt? Wer will mit Gewalt in meinen Palast eindringen? Wer sind diese Knaben?« rief der Kaiser in einem Atem.

»Wir wissen es nicht, hoher Kaiser«, antwortete der Diener, »aber es muss eine besondere Bewandtnis mit ihnen haben, denn sie sind stark wie junge Löwen, so dass sie die Wache am Tor überwältigen konnten und nun uns hier zu schaffen machen. Und dann sind sie stolz! Sie nehmen nicht einmal ihre Mütze vom Kopf!«

Der Kaiser wurde rot vor Zorn. »Werft sie hinaus!« rief er, »hetzt die Hunde auf sie!«

»Lasst nur, lasst, wir gehen von allein«, sprachen die beiden Prinzen. Sie weinten über die harten Worte und gingen traurig die Treppe hinunter. Als sie aus dem Tor traten, hielt ein Diener sie an, der ihnen atemlos nachgeeilt war: »Der Kaiser hat befohlen, dass ihr zurückkommen sollt; die Kaiserin will euch sehen.«

Die Prinzen bedachten sich kurz, dann wandten sie sich um, stiegen die Treppe hinan und traten, die Mützen noch immer auf dem Kopf, zum Kaiser ein. Da stand eine lange, breite, schön gedeckte Tafel, und an der saßen alle kaiserlichen Gäste, obenan der Kaiser selbst und neben ihm, auf zwölf seidenen Kissen ruhend, die Kaiserin. Als die Prinzen eintraten, fiel eines der Kissen zur Erde, so blieben ihr nur noch elf. »Nehmt die Mützen vom Kopf!« rief ein Höfling den Prinzen zu.

»Die Kopfbedeckung ist dem Menschen ein Zeichen der Würde«, antwortete einer der beiden, »wir wünschen zu sein, was wir sind.«

»Nun ja«, rief der Kaiser, belustigt durch die goldenen Worte, die aus dem Munde des Knaben tönten, »bleibt, wie ihr seid! Aber wer seid ihr denn? Woher kommt ihr, und was wünscht ihr?«

»Wir sind Zwillingsbrüder, zwei Sprösslinge eines Stammes, der entzweigebrochen und halb in der Erde, halb an der Spitze der Tafel ist. Wir sind angelangt, von wo wir gekommen, und sind einen langen Weg gegangen. Wir haben im Säuseln des Windes gesprochen und dem Holz unsere Stimme gegeben, wir haben im Knistern des Feuers geflüstert und in den Wellen des Wassers gesungen, aber jetzt und hier wollen wir dir mit menschlicher Stimme ein Lied singen von Dingen, die du kennst, ohne es zu wissen.«

Der Kaiserin entfiel das zweite Kissen. »Schick sie mit ihren Dummheiten nach Hause!« sprach sie zu ihrem Gemahl.

»O nein, lass sie singen!« erwiderte ihr der Kaiser. »Du hast sie nur sehen wollen, ich aber wünsche sie zu hören. Singt, ihr Knaben!«

Die Kaiserin schwieg, und die Prinzen sangen die Geschichte ihres Lebens. »Es war einmal ein Kaiser«, begannen sie, und ein drittes Kissen entfiel der Kaiserin. Sie sangen vom Auszug des Kaisers in den Krieg, und drei Kissen entfielen der Kaiserin, und als sie ihr Lied beendeten, saß die Kaiserin auf keinem Kissen mehr. Die Prinzen nahmen nun ihre Mützen vom Kopf und ließen ihr goldenes Haar sehen und den goldenen Stern, den sie auf der Stirn trugen. Da mussten die Gäste und die Hofleute und der Kaiser sich die Augen zuhalten, damit sie nicht geblendet würden von soviel Glanz.

Danach geschah, was von Anfang an hätte sein sollen: Laptitza saß als herrliche Kaiserin oben an der Tafel neben ihrem Gemahl, und die Tochter der Stiefmutter wurde die niedrigste Magd im Palast. Die Stiefmutter mit ihren bösen Gedanken aber wurde an den Schweif einer wilden Stute gebunden und musste so die Erde siebenmal umkreisen, damit alle Welt wisse und nicht wieder vergesse, dass böse endigt, wer Böses sinnt.

Märchen aus Rumänien

Der Eisenhans

Es war einmal ein König, der hatte einen großen Wald bei seinem Schloss, darin lief Wild aller Art herum. Zu einer Zeit schickte er einen Jäger hinaus, der sollte ein Reh schießen, aber er kam nicht wieder. »Vielleicht ist ihm ein Unglück zugestoßen«, sagte der König und schickte den folgenden Tag zwei andere Jäger hinaus, die sollten ihn suchen, aber die blieben auch weg. Da ließ er am dritten Tag alle seine Jäger kommen und sprach: »Streift durch den ganzen Wald und lasst nicht ab, bis ihr sie alle drei gefunden habt.« Aber auch von diesen kam keiner wieder heim, und von der Meute Hunde, die sie mitgenommen hatten, ließ sich keiner wieder sehen. Von der Zeit an wollte sich niemand mehr in den Wald wagen, und er lag da in tiefer Stille und Einsamkeit, und man sah nur zuweilen einen Adler oder Habicht darüber hinfliegen. Das dauerte viele Jahre, da meldete sich ein fremder Jäger bei dem König, suchte eine Versorgung und erbot sich, in den gefährlichen Wald zu gehen. Der König aber wollte seine Einwilligung nicht geben und sprach: »Es ist nicht geheuer darin. Ich fürchte, es geht dir nicht besser als den andern, und du kommst nicht wieder heraus.« Der Jäger antwortete: »Herr, ich will's auf meine Gefahr wagen: Von Furcht weiß ich nichts.«

Der Jäger begab sich also mit seinem Hund in den Wald. Es dauerte nicht lange, so geriet der Hund einem Wild auf die Fährte und wollte hinter ihm her. Kaum aber war er ein paar Schritte gelaufen, so stand er vor einem tiefen Pfuhl, konnte nicht weiter, und ein nackter Arm streckte sich aus dem Wasser, packte ihn und zog ihn hinab. Als der Jäger das sah, ging er zurück und holte drei Männer, die mussten mit Eimern kommen und das Wasser ausschöpfen. Als sie auf den Grund sehen konnten, so lag da ein wilder Mann, der braun am Leib war wie rostiges Eisen und dem die Haare über das Gesicht bis zu den Knien herabhingen. Sie banden ihn mit Stricken und führten ihn fort in das Schloss. Da war große Verwunderung über den wilden Mann. Der König aber ließ ihn in einen eisernen Käfig auf seinen Hof setzen und verbot bei Lebensstrafe, die Tür des Käfigs zu öffnen, und die Königin musste den Schlüssel selbst in Verwahrung nehmen. Von nun an konnte ein jeder wieder mit Sicherheit in den Wald gehen.

Der König hatte einen Sohn von acht Jahren, der spielte einmal auf dem Hof, und bei dem Spiel fiel ihm sein goldener Ball in den Käfig. Der Knabe lief hin und sprach: »Gib mir meinen Ball heraus!«

»Nicht eher«, antwortete der Mann, »als bis du mir die Tür aufgemacht hast.«

»Nein«, sagte der Knabe, »das tue ich nicht; das hat der König verboten«, und lief fort. Am andern Tag kam er wieder und forderte seinen Ball. Der wilde Mann sagte: »Öffne meine Tür«, aber der Knabe wollte nicht. Am dritten Tag war der König auf die Jagd geritten, da kam der Knabe nochmals und sagte: »Wenn ich auch wollte, ich kann die Tür nicht öffnen. Ich habe den Schlüssel nicht.« Da sprach der wilde Mann: »Er liegt unter dem Kopfkissen deiner Mutter, da kannst du ihn holen.« Der Knabe, der seinen Ball wiederhaben wollte, schlug alle Bedenken in den Wind und brachte den Schlüssel herbei.

Die Tür ging schwer auf, und der Knabe klemmte sich den Finger. Als sie offen war, trat der wilde Mann heraus, gab ihm den goldenen Ball und eilte hinweg. Dem Knaben war angst geworden, er schrie und rief ihm nach: »Ach, wilder Mann, geh nicht fort, sonst bekomme ich Schläge!« Der wilde Mann kehrte um, hob ihn auf, setzte ihn auf seinen Nacken und ging mit schnellen Schritten in den Wald hinein. Als der König heimkam, bemerkte er den leeren Käfig und fragte die Königin, wie das zugegangen wäre. Sie wusste nichts davon, suchte den Schlüssel, aber er war weg. Sie rief den Knaben, aber niemand antwortete. Der König schickte Leute aus, die ihn auf dem Feld suchen sollten, aber sie fanden ihn nicht. Da konnte er leicht erraten, was geschehen war, und es herrschte große Trauer an dem königlichen Hof.

Als der wilde Mann wieder in dem finsteren Wald angelangt war, setzte er den Knaben von den Schultern herab und sprach zu ihm: »Vater und Mutter siehst du nicht wieder, aber ich will dich bei mir behalten, denn du hast mich befreit, und ich habe Mitleid mit dir. Wenn du alles tust, was ich dir sage, so sollst du's gut haben. Schätze und Gold habe ich genug und mehr als irgend jemand in der Welt.« Er machte dem Knaben ein Lager von Moos, auf dem er einschlief, und am andern Morgen führte ihn der Mann zu einem Brunnen und sprach: »Siehst du, der Goldbrunnen ist hell und klar wie Kristall: Du sollst danebensitzen und achthaben, dass nichts hineinfällt, sonst ist er verunreinigt. Jeden Abend komme ich und sehe, ob du mein Gebot befolgt hast.« Der Knabe setzte sich an den Rand des Brunnens, sah, wie manchmal ein goldener Fisch, manchmal eine goldene Schlange sich darin zeigte, und gab acht, dass nichts hineinfiel. Als er so saß, schmerzte ihn einmal der Finger so heftig, dass er ihn unwillkürlich in das Wasser steckte. Er zog ihn schnell wieder heraus, sah aber, dass er ganz vergoldet war, und wie große Mühe er sich gab, das Gold wieder abzuwischen, es war alles vergeblich. Abends kam der Eisenhans zurück, sah den Knaben an und sprach: »Was ist mit dem Brunnen geschehen?«

»Nichts, nichts«, antwortete er und hielt den Finger auf den Rücken, dass er ihn nicht sehen sollte. Aber der Mann sagte: »Du hast den Finger in das Wasser getaucht: Diesmal mag's hingehen, aber hüte dich, dass du nicht wieder etwas hineinfallen lässt.«

Am frühsten Morgen saß der Knabe schon neben dem Brunnen und bewachte ihn. Der Finger tat ihm wieder weh, und er fuhr damit über seinen Kopf, da fiel unglücklicherweise ein Haar in den Brunnen. Er nahm es schnell heraus, aber es war schon ganz vergoldet. Der Eisenhans kam und wusste schon, was geschehen war. »Du hast ein Haar in den Brunnen fallen lassen«, sagte er, »ich will dir's noch einmal nachsehen, aber wenn's zum drittenmal geschieht, so ist der Brunnen entehrt, und du kannst nicht länger bei mir bleiben.« Am dritten Tag saß der Knabe am Brunnen und bewegte den Finger nicht, wenn er ihm noch so weh tat. Aber die Zeit wurde ihm lang, und er betrachtete sein Angesicht, das auf dem Wasserspiegel stand. Und als er sich dabei immer mehr beugte und sich recht in die Augen sehen wollte, so fielen ihm seine langen Haare von den Schultern herab in das Wasser. Er richtete sich schnell in die Höhe, aber das ganze Haupthaar war schon vergoldet und glänzte wie eine Sonne. Ihr könnt denken, wie der arme Knabe erschrak. Er nahm sein Taschentuch und band es um den Kopf, damit es der Mann nicht sehen konnte.

Als er kam, wusste er schon alles und sprach: »Binde das Tuch auf!« Da quollen die goldenen Haare hervor, und der Knabe mochte sich entschuldigen, wie er wollte, es half ihm nichts. »Du hast die Probe nicht bestanden und kannst nicht länger hierbleiben. Geh hinaus in die Welt, da wirst du erfahren, wie die Armut tut. Aber weil du kein böses Herz hast und ich's gut mit dir meine, so will ich dir eins erlauben: Wenn du in Not gerätst, so geh zu dem Wald und rufe ›Eisenhans‹, dann will ich kommen und dir helfen. Meine Macht ist groß, größer, als du denkst, und Gold und Silber habe ich im Überfluss.«

Da verließ der Königssohn den Wald und ging über gebahnte und ungebahnte Wege immerzu, bis er zuletzt in eine große Stadt kam. Er suchte da Arbeit, aber er konnte keine finden und hatte auch nichts gelernt, womit er sich hätte weiterhelfen können. Endlich ging er in das Schloss und fragte, ob sie ihn behalten wollten. Die Hofleute wussten nicht, wozu sie ihn brauchen sollten, aber sie hatten Gefallen an ihm und hießen ihn bleiben. Zuletzt nahm ihn der Koch in Dienst und sagte, er könnte Holz und Wasser tragen und die Asche zusammenkehren. Einmal, als gerade kein anderer zur Hand war, hieß ihn der Koch die Speisen zur königlichen Tafel tragen. Da er aber seine goldenen Haare nicht wollte sehen lassen, so behielt er sein Hütchen auf. Dem König war so etwas noch nicht vorgekommen, und er sprach: »Wenn du zur königlichen Tafel kommst, musst du deinen Hut abziehen.«

»Ach Herr«, antwortete er, »ich kann nicht, ich habe einen bösen Grind auf dem Kopf.« Da ließ der König den Koch herbeirufen, schalt ihn und fragte, wie er einen solchen Jungen hätte in seinen Dienst nehmen können; er sollte ihn gleich fortjagen. Der Koch aber hatte Mitleid mit ihm und vertauschte ihn mit dem Gärtnerjungen.

Nun musste der Junge im Garten pflanzen und gießen, hacken und graben und Wind und böses Wetter über sich ergehen lassen. Einmal im Sommer, als er allein im Garten arbeitete, war der Tag so heiß, dass er sein Hütchen abnahm und die Luft ihn kühlen sollte. Wie die Sonne auf das Haar schien, glitzerte und blitzte es, dass die Strahlen in das Schlafzimmer der Königstochter fielen und sie aufsprang, um zu sehen, was das wäre. Da erblickte sie den Jungen und rief ihn an: »Junge, bring mir einen Blumenstrauß!« Er setzte in aller Eile sein Hütchen auf, brach wilde Feldblumen ab und band sie zusammen. Als er damit die Treppe hinaufstieg, begegnete ihm der Gärtner und sprach: »Wie kannst du der Königstochter einen Strauß von schlechten Blumen bringen? Geschwind, hole andere und suche die schönsten und seltensten heraus!«

»Ach nein«, antwortete der junge, »die wilden riechen kräftiger und werden ihr besser gefallen.« Als er in ihr Zimmer kam, sprach die Königstochter: »Nimm dein Hütchen ab! Es ziemt sich nicht, dass du es vor mir aufbehältst.« Er antwortete wieder: »Ich darf nicht, ich habe einen grindigen Kopf.« Sie griff aber nach dem Hütchen und zog es ab, da rollten seine goldenen Haare auf die Schultern herab, dass es prächtig anzusehen war. Er wollte fortspringen, aber sie hielt ihn am Arm und gab ihm eine Handvoll Dukaten. Er ging damit fort, achtete aber des Goldes nicht, sondern er brachte es dem Gärtner und sprach: »Ich schenke es deinen Kindern, die können damit spielen.« Am nächsten Tag rief ihm die Königstochter abermals zu, er sollte ihr einen Strauß Feldblumen bringen, und als er damit eintrat, fasste sie gleich nach seinem Hütchen und wollte es ihm wegnehmen, aber er hielt es mit beiden Händen fest. Sie gab ihm wieder eine Handvoll Dukaten, aber er wollte sie nicht behalten und gab sie dem Gärtner zum Spielen für seine Kinder. Den dritten Tag ging's nicht anders, sie konnte ihm sein Hütchen nicht wegnehmen, und er wollte ihr Gold nicht.

Nicht lange danach wurde das Land mit Krieg überzogen. Der König sammelte sein Volk und wusste nicht, ob er dem Feind, der übermächtig war und ein großes Heer hatte, Widerstand leisten könnte. Da sagte der Gärtnerjunge: »Ich bin herangewachsen und will mit in den Krieg ziehen, gebt mir nur ein Pferd!« Die anderen lachten und sprachen: »Wenn wir fort sind, so suche dir eins: Wir wollen dir eins im Stall zurücklassen.« Als sie ausgezogen waren, ging er in den Stall und zog das Pferd heraus. Es war an einem Fuß lahm und hickelte hunkepuus, hunkepuus. Dennoch setzte er sich auf und ritt fort nach dem dunklen Wald. Als er an dessen Saum gekommen war, rief er dreimal ›Eisenhans‹ so laut, dass es durch die Bäume schallte. Gleich darauf erschien der wilde Mann und sprach: »Was verlangst du?«

»Ich verlange ein starkes Ross, denn ich will in den Krieg ziehen.«

»Das sollst du haben und noch mehr, als du verlangst.« Dann ging der wilde Mann in den Wald zurück, und es dauerte nicht lange, so kam ein Stallknecht aus dem Wald und führte ein Ross herbei, das schnaubte aus den Nüstern und war kaum zu bändigen. Und hinter ihm folgte eine große Schar Kriegsvolk, ganz in Eisen gerüstet, und ihre Schwerter blitzten in der Sonne. Der Jüngling übergab dem Stallknecht sein dreibeiniges Pferd, bestieg das andere und ritt vor der Schar her. Als er sich dem Schlachtfeld näherte, war schon ein großer Teil von des Königs Leuten gefallen, und es fehlte nicht viel, so mussten die übrigen weichen. Da jagte der Jüngling mit seiner eisernen Schar heran, fuhr wie ein Wetter über die Feinde und schlug alles nieder, was sich ihm widersetzte. Sie wollten fliehen, aber der Jüngling saß ihnen im Nacken und ließ nicht ab, bis kein Mann mehr übrig war. Statt aber zu dem König zurückzukehren, führte er seine Schar auf Umwegen wieder zu dem Wald und rief den Eisenhans heraus. »Was verlangst du?« fragte der wilde Mann. »Nimm dein Ross und deine Schar zurück und gib mir mein dreibeiniges Pferd wieder!« Es geschah alles, was er verlangte, und er ritt auf seinem dreibeinigen Pferd heim. Als der König wieder in sein Schloss kam, ging ihm seine Tochter entgegen und wünschte ihm Glück zu seinem Sieg. »Ich bin es nicht, der den Sieg davongetragen hat«, sprach er, »sondern ein fremder Ritter, der mir mit seiner Schar zu Hilfe kam.« Die Tochter wollte wissen, wer der fremde Ritter sei, aber der König wusste es nicht und sagte: »Er hat die Feinde verfolgt, und ich habe ihn nicht wiedergesehen.«

Sie erkundigte sich bei dem Gärtner nach seinem Jungen; der lachte aber und sprach: »Eben ist er auf seinem dreibeinigen Pferd heimgekommen, und die andern haben gespottet und gerufen: ›Da kommt unser Hunkepuus wieder an.‹ Sie fragten auch: ›Hinter welcher Hecke hast du derweil gelegen und geschlafen?‹ Er sprach aber: ›Ich habe das Beste getan, und ohne mich wäre es schlecht gegangen.‹ Da wurde er noch mehr ausgelacht.«

Der König sprach zu seiner Tochter: »Ich will ein großes Fest ansagen lassen, das drei Tage währen soll, und du sollst einen goldenen Apfel werfen: Vielleicht kommt der Unbekannte herbei.« Als das Fest angekündigt war, ging der Jüngling hinaus zu dem Wald und rief den Eisenhans. »Was verlangst du?« fragte er. »Dass ich den goldenen Apfel der Königstochter fange.«

»Es ist so gut, als hättest du ihn schon«, sagte Eisenhans, »du sollst auch eine rote Rüstung dazu haben und auf einem stolzen Fuchs reiten.« Als der Tag kam, sprengte der Jüngling heran, stellte sich unter die Ritter und wurde von niemandem erkannt. Die Königstochter trat hervor und warf den Rittern einen goldenen Apfel zu, aber keiner fing ihn als er allein, aber sobald er ihn hatte, jagte er davon. Am zweiten Tag hatte ihn Eisenhans als weißen Ritter ausgerüstet und ihm einen Schimmel gegeben. Abermals fing er allein den Apfel, verweilte aber keinen Augenblick, sondern jagte damit fort. Der König wurde böse und sprach: »Das ist nicht erlaubt; er muss vor mir erscheinen und seinen Namen nennen.« Er gab den Befehl, wenn der Ritter, der den Apfel gefangen habe, sich wieder davonmachte, so sollte man ihm nachsetzen, und wenn er nicht gutwillig zurückkehrte, auf ihn hauen und stechen. Am dritten Tag erhielt er vom Eisenhans eine schwarze Rüstung und einen Rappen und fing auch wieder den Apfel. Als er aber damit fortjagte, verfolgten ihn die Leute des Königs, und einer kam ihm so nahe, dass er mit der Spitze des Schwerts ihm das Bein verwundete. Er entkam ihnen jedoch, aber sein Pferd sprang so gewaltig, dass der Helm ihm vom Kopf fiel, und sie konnten sehen, dass er goldene Haare hatte. Sie ritten zurück und meldeten dem König alles.

Am folgenden Tag fragte die Königstochter den Gärtner nach seinem Jungen. »Er arbeitet im Garten. Der wunderliche Kauz ist auch bei dem Fest gewesen und erst gestern Abend wiedergekommen. Er hat auch meinen Kindern drei goldene Äpfel gezeigt, die er gewonnen hat.« Der König ließ ihn vor sich fordern, und er erschien und hatte wieder sein Hütchen auf dem Kopf. Aber die

Königstochter ging auf ihn zu und nahm es ihm ab, und da fielen seine goldenen Haare über die Schultern, und er war so schön, dass alle erstaunten. »Bist du der Ritter gewesen, der jeden Tag zu dem Fest gekommen ist, immer in einer andern Farbe, und der die drei goldenen Äpfel gefangen hat?« fragte der König.

»Ja«, antwortete er, »und da sind die Äpfel«, holte sie aus seiner Tasche und reichte sie dem König. »Wenn Ihr noch mehr Beweise verlangt, so könnt Ihr die Wunde sehen, die mir Eure Leute geschlagen haben, als sie mich verfolgten. Aber ich bin auch der Ritter, der Euch zum Sieg über die Feinde verholfen hat.«

»Wenn du solche Taten verrichten kannst, so bist du kein Gärtnerjunge. Sage mir, wer ist dein Vater?«

»Mein Vater ist ein mächtiger König, und Goldes habe ich die Fülle und soviel ich nur verlange.«

»Ich sehe wohl«, sprach der König, »ich bin dir Dank schuldig. Kann ich dir etwas zu Gefallen tun?«

»Ja«, antwortete er, »das könnt Ihr wohl: Gebt mir Eure Tochter zur Frau!« Da lachte die Jungfrau und sprach: »Der macht keine Umstände, aber ich habe schon an seinen goldenen Haaren gesehen, dass er kein Gärtnerjunge ist«, ging dann hin und küsste ihn. Zu der Vermählung kamen sein Vater und seine Mutter und waren in großer Freude, denn sie hatten schon alle Hoffnung aufgegeben, ihren lieben Sohn wiederzusehen. Und als sie an der Hochzeitstafel saßen, da schwieg auf einmal die Musik, die Türen gingen auf, und ein stolzer König trat herein mit Gefolge. Er ging auf den Jüngling zu, umarmte ihn und sprach: »Ich bin der Eisenhans und war in einen wilden Mann verwünscht, aber du hast mich erlöst. Alle Schätze, die ich besitze, die sollen dein Eigentum sein.«

Märchen der Brüder Grimm

Das goldene Königreich

Ein reicher Herr hatte einen einzigen Sohn. Als dieser zwanzig Jahre alt war, sprach er: »Vater, ich will fortreisen und die Welt sehen.« Der Alte war damit zufrieden, gab ihm einen Wagen und Pferde, einen Bedienten, viel Geld und noch mehr gute Lehren, und der Jüngling zog dahin.

Eines Abends kamen sie in einen großen Wald, und weil es dunkel war, gerieten sie vom Wege ab und gelangten zu einem kleinen Haus. Der Jüngling trat ein, und da saß eine Frau beim Feuer und kochte sich ihr Abendbrot. »Kann ich bei Euch übernachten?« fragte er. »Ei mit Freuden«, sprach die Frau, »setzet Euch nur hin und tut, als ob Ihr zu Hause wäret.«

Das war dem Jüngling gerade recht. Er aß und trank nach Herzenslust, denn er hatte den ganzen Tag noch nichts in den Magen bekommen, und schlief wie ein Prinz, bis die Sonne schon hoch am Himmel stand. Er sprang empor und schaute durch das Fenster in den schönen grünen Wald. Da liefen Hirsche und Rehe und Hasen in ganzen Herden herum, und wilde Vögel aller Arten flogen von Baum zu Baum. Dazu sangen die Lerchen und Finken und Nachtigallen, dass es ihm so wohl ward, wie ihm nie gewesen war, und er beschloss, den schönen Wald nicht so bald zu verlassen.

Beim Frühstück fragte der Jüngling die Frau, wem der Wald gehöre. »Der Wald gehört mein«, sprach sie. Da fragte er weiter, ob er wohl darin jagen dürfe, denn die Jagd sei seine größte Lust und Freude. »Das mögt Ihr, soviel Euch beliebt«, erwiderte die Frau, »doch ich rate Euch, tut es nicht!« Er aber schlug den Rat in den Wind, denn er sah keinen Grund dazu, ergriff eine Büchse und sprang fröhlich in den Wald hinein. Da rief die Frau seinen

Diener und sprach: »Geh und folge deinem Herrn schnell, so dir sein Leben lieb ist! Wenn ihr auf den freien Waldplatz kommt, dann springen drei weiße Hirsche vor euch her, doch darf dein Herr keinen schießen; ansonsten mag er töten, was ihm vor den Lauf kommt. Du darfst deinem Herrn aber nicht sagen, dass ich dir dies verraten habe, sonst ist es um dich geschehen.« Der Diener dankte der Frau von Herzen für ihren Rat, denn er liebte seinen Herrn über alles.

Kaum waren beide einige hundert Schritte im Wald gegangen, wurde es lichter und immer lichter, und sie kamen auf eine große Wiese, da sprang ein Bächlein lustig über weiße Kiesel, und die Vögel sangen, dass dem Jüngling das Herz im Leibe hüpfte. Da raschelte es plötzlich im Gebüsch, und drei prächtige schneeweiße Hirsche mit stolzem Geweih sprangen heraus und liefen quer über die Wiese hin. Der Jüngling legte an, aber ehe der Schuss noch fiel, schlug der treue Diener ihm die Flinte in die Höhe, so dass die Kugel in einen Baum fuhr und die Hirsche unversehrt davon sprangen. Der Jüngling fuhr den Diener hart an, warum er das getan habe, doch dieser entschuldigte sich und sprach, eine Biene habe ihn in die Hand gestochen, und darüber sei er aufgefahren.

Sie gingen weiter, und der Jüngling schoss noch allerlei Wild, aber die Freude war ihm verdorben, denn die drei weißen Hirsche wollten ihm nicht aus dem Kopf. In dem Waldhäuschen nahm die Frau den Diener beiseite und lobte ihn, er habe seinem Herrn das Leben gerettet. Sie trug in ihrer Freude die köstlichsten Speisen aller Art auf, schenkte Wein aus aller Herren Länder ein, und dem Jüngling gefiel es immer besser bei ihr.

Am andern Morgen griff er wieder zur Flinte und ging in den Wald. Da sprach die Frau zu dem Diener: »Geh und folge deinem Herrn schnell! Wenn ihr auf den freien Waldplatz kommt, dann springen drei braune Hirsche daher, aber verhüte, dass dein Herr sie schießt, so dir sein Leben lieb ist, und verrate nicht, dass ich dir dies gesagt habe, sonst ist es um dich geschehen.« Der Jüngling ging denselben Weg wie tags vorher, wie sehr auch der Diener suchte, ihn anderswohin zu führen. Bald kamen sie auf die schöne Waldwiese mit dem munteren Bächlein und all den tausend Vögeln. Da raschelte es wieder im Gebüsch, und drei braune Hirsche mit prächtigem, stolzem Geweih setzten quer über die Wiese hin. Der Jüngling legte an, aber zugleich gab der Diener ihm einen Stoß, dass die Kugel in die Luft pfiff. Da fuhr der Jüngling zornig auf und rief: »Wenn du dies noch einmal wagst, dann schieße ich dich nieder!«, und was der treue Diener auch sagen und wie er sich auch entschuldigen mochte, alles half nichts, sein Herr blieb dabei. Er konnte nicht verschmerzen, dass die drei Hirsche ihm durchgegangen waren, denn schönere hatte er sein Leben lang nicht gesehen.

Die Frau in dem Waldhäuschen trug heute noch viel köstlicheres Essen auf als am Tag zuvor, und gute Weine standen die Hülle und Fülle auf dem Tisch. Zum Diener aber sprach sie heimlich, er habe seine Sache gut gemacht, und sein Herr gehe einem großen Glück entgegen.

Als der Jüngling am folgenden Morgen wieder in den Wald sprang, sprach die Frau zu dem Diener: »Gehe und folge deinem Herrn und lasse ihn nicht schießen, wenn er heute drei schwarze Hirsche auf dem Waldplatz sieht. Heute ist der gefährlichste Tag, und sein Leben hängt daran. Verrate mich aber nicht, so dir dein Leben lieb ist.« Der Diener versprach ihr es willig und eilte seinem Herrn nach. Aber heute war es ihm so traurig zumute, er wusste selbst nicht wie und warum. Der Wald schien ihm nicht mehr so schön und die Vöglein nicht mehr so lustig und das Bächlein nicht mehr so munter. Er versuchte, seinen Herrn einen anderen Weg zu führen, aber der Jüngling wollte nicht. Er hatte die drei Hirsche im Kopf und drohte dem treuen Diener: »Heute rate ich dir aber gut, stoße mich nicht, sonst geht es dir schlimm.« Also kamen sie an die Waldwiese, und kaum standen sie da, brachen drei schwarze Hirsche mit mächtigem Geweih aus den Büschen und sprangen quer über die Wiese daher. Der Jüngling legte an, da gab ihm der treue Diener einen Stoß, die Kugel sauste in den Wald, und die drei Hirsche entsprangen. »Das sollst du mir büßen!« schrie der Jüngling und lud von neuem. Wie sehr der treue Diener auch jammerte und um sein Leben bat, alles half nichts, der Jüngling schoss ihn in seinem Zorn nieder.

Als die blasse Leiche aber so vor ihm lag, da verrauchte der Zorn bald, und die Reue kam. Vergebens rief er den treuen Diener mit hundert schönen Namen, weinte und rang die Hände, der Diener war tot und blieb tot. Da stürzte er wild und wie ein wahnsinniger Mann durch den Wald zurück zu dem Waldhäuschen, doch es war öd und einsam.

Die freundliche Frau war verschwunden. Er sattelte im Stall eins seiner Pferde, sprang darauf und ritt verzweiflungsvoll weg, wohin, das wusste er selber nicht.

Also war er in tiefster Betrübnis Stunde an Stunde auf wilden Waldwegen dahin gesprengt. Die Sonne stand im Mittag, sie ging zur Rüste, und der Wald wurde immer dichter; weder Dorf noch Haus war zu sehen; Hunger und, noch mehr, Durst quälten ihn. Die ganze Nacht ritt er fort, bis an den Wipfeln der Bäume der Schein des Morgenrots widerstrahlte; da öffnete sich der Wald, und er kam auf eine große Wiese, darauf sprang eine klare, frische Quelle. Er bückte sich zu ihr, um seinen brennenden Gaumen zu letzen und trank lange Züge. Als er sich aber wieder erhob, siehe, da standen drei wunderschöne Jungfrauen vor ihm.

Er zog seinen Hut zum Gruß, doch sie schauten ihn finster und zornig an und sprachen: »Du hast in deinem bösen Zorn dein Glück verscherzt und unsere Erlösung auf lange Zeit verschoben. Wenn du gutem Rat und freundlichen Bitten gefolgt hättest, wärest du jetzt im goldenen Königreich. Nun aber musst du noch lange wandern und viel kämpfen, bis du dahin kommen kannst.« Da stürzte der Jüngling vor ihnen auf die Knie und rief voll Reue: »Ich will gern alles dulden und ertragen, wenn ich nur meine Tat wieder gutmachen kann. Sagt mir nur, was ich tun soll!«

»Das ist uns nicht gegeben«, sprachen die Jungfrauen, »doch wollen wir dir beistehen, so viel uns erlaubt ist.«

Da gab die Älteste ihm ein Schwert, dem konnte nichts widerstehen, und wer von ihm getroffen wurde, der sank tot zu Boden. Die zweite gab ihm eine Börse, die blieb immer mit blanken Goldstücken gefüllt, wie viel man auch herausnehmen mochte. Die Jungfrau aber, welche die schönste war und zu der er sogleich in Liebe entbrannte, gab ihm einen goldenen Ring, damit er sie nicht vergaß. Dann verschwanden sie.

Jetzt fiel es dem Jüngling wie ein Stein vom Herzen. Er fasste sich einen frischen Mut und dachte an weiter nichts als an das goldene Königreich und die drei Jungfrauen, besonders an die jüngste. Er schwang sich auf sein Pferd und ritt ruhigeren Sinnes in den Wald hinein. Noch war er keine hundert Schritte weit, als er ein schreckliches Zischen und jämmerliches Brüllen in dem Gebüsch hörte. Er sprang darauf zu, und da war es ein scheußlicher Lindwurm, der seinen langen Schweif um einen Löwen geschlagen hatte und ihm sein Gift entgegenspie. Kurz entschlossen fasste der Jüngling sein Schwert und tat einen schweren Schlag, so dass er dem Lindwurm den Schweif abschlug, und das abgehauene Stück fuhr mit solcher Gewalt in die Bäume hinein, dass es ganze Äste zerbrach. Mit einem Schlag traf er den Kopf des Drachen, und das Untier stürzte hin und streckte die Zunge armlang aus dem Hals. Der Löwe aber schüttelte sich und sprang vor Freuden wie ein getreuer Hund zu seinem Befreier, drückte seinen zottigen Kopf an ihn und suchte ihm auf jede Art seinen Dank zu beweisen, folgte ihm auch seit dem Augenblick überall hin. Da wuchs dem Jüngling der Mut, denn nun erkannte er die Kraft seines Schwertes, und er ritt heiter manche Woche seines Weges fort, bis er endlich an das Wasser *Irrewellen* kam, welches so groß und breit ist, dass man sein Ende gar nicht absehen kann. Da lag am Ufer ein Schiff vor Anker, und nicht weit davon stand des Schiffers Haus. Der trat heraus, grüßte den Jüngling und bot ihm Speise und Trank. Das nahm der Jüngling dankbar an, denn er hatte seit vielen Tagen nur von Wurzeln und Kräutern gelebt. Dann fragte er den Fischer, ob er nicht wisse, wo das goldene Königreich liege. Der Schiffer sprach: »Wenn Ihr dahin wollt, dann seid Ihr schlecht beraten. Das goldene Königreich liegt weit, weit jenseits des Wassers und der Länder der Riesen, und der Weg dorthin ist schwer und gefährlich, denn die Riesen fordern von jedem, der durch ihr Land will, eine Hand oder einen Fuß als Zoll.«

»Ich fürchte mich nicht vor den Riesen«, erwiderte der Jüngling, »wenn ich nur in das goldene Königreich kommen kann.«

»Wenn Ihr nicht anders wollt, dann fahre ich Euch über«, sprach der Schiffer.

Der Jüngling trat mit seinem Pferd und dem Löwen in das Schiff, der Wind blies in die weißen Segel, und das Schiff flog über die Wellen dahin. Bald aber verfinsterte sich der Himmel, ein Sturm erhob sich und warf das Schiff auf und nieder wie einen Spielball, so dass man jeden Augenblick meinte, es müsse versinken, doch der Jüngling behielt seinen Mut und verzagte nicht. Nach einiger Zeit ließ der Sturm nach, es wurde wieder hell und heiter, und das Schiff landete bei freundlichem Sonnenschein. Der Jüngling lohnte dem Fährmann reichlich, dankte ihm und stieg ans Land.

Noch ehe er sich recht umschauen konnte, hörte er einen entsetzlichen Lärm und sah drei Riesen, welche mit eisernen Stangen auf ihn zuliefen und schrien, sie müssten seine rechte Hand zum Zoll haben. »Gemach, gemach«, sprach der Jüngling, »das hat nicht so große Eile.« Er trat ihnen fest entgegen, schwang sein

Schwert und schlug in einem Hui zweien den Kopf ab. Den dritten zerriss sein Löwe und nahm ihn als Frühstück ein, aber nicht ganz, denn der Riese hatte handdickes Fett auf den Knochen und war wohl genährt. Dann sprang der Jüngling auf sein Pferd und ritt froheren Sinnes weiter durch Wald und Heide, Wiese und Weide, bis er wiederum an ein großes Wasser kam. Am Strand stand ein Haus, und vor dem Hause lag ein Schiff.

Der Schiffer trat aus dem Hause, als er den Tritt des Pferdes hörte, grüßte den Jüngling und bot ihm Obdach und Labsal in seinem Hause an. Der Jüngling nahm dies dankbar an, denn er hatte seit seinem Kampf mit den Riesen nichts mehr gegessen. Nach dem Essen fragte er den Schiffer, wie das Wasser hieß und wo das goldene Königreich liege. »Das Wasser heißt *Grausam*«, sprach der Schiffer, »weil es alles verschlingen möchte, was auf ihm schwimmt und schwebt. Aber wenn Ihr in das goldene Königreich wollt, dann habt Ihr schlimme Wege vor Euch. Das goldene Königreich liegt weit jenseits des Wassers und der Länder der Riesen, und die Riesen fordern von jedem, der durch ihr Land will, eine Hand oder einen Fuß, und ihrer sind viele. Darum rate ich Euch, bleibt lieber hier.«

»Ich frage nichts nach den Riesen, und kämen sie auch zu Dutzenden«, sprach der Jüngling.

»Wie Ihr wollt. Ich fahre Euch gern über.«

Da stiegen sie alle in das Schiff, der Fährmann zog die Segel auf, und der Wind blies so günstig, dass es eine Lust war. Er blies mit der Zeit aber immer stärker und stärker, der Himmel verfinsterte sich, und ein schrecklicher Sturm mit heftigem Gewitter brach los. Das Wasser wurde stets wilder, die Wellen packten das Schiff wie mit weißen Fäusten und warfen es ordentlich herum, dass dem Fährmann Hören und Sehen verging. Aber da stellte sich der Jüngling ans Steuerruder und stand fest und aufrecht da, und je wilder das Wasser wurde, umso mehr Freude machte es ihm.

Endlich legte sich der Sturm, die Wellen wurden immer zahmer und kleiner, und zuletzt waren sie ganz still und friedlich, und das Schiff glitt nur so über sie dahin. Am Land stieg der Jüngling mit seinen Tieren aus und gab dem Schiffer überreichen Lohn. Da sprangen sechs plumpe Riesen mit schweren Eisenstangen herbei, die schrien ihm zu, er müsse ihnen seine linke Hand als Zoll geben, wenn er durch ihr Land wolle. »Sogleich sollt ihr sie haben!« rief der Jüngling, hob sein Schwert, und hui sagte es, da wussten vier von den Riesen nicht mehr, wo ihnen der Kopf stand. Die zwei andern nahm der Löwe zum Frühstück und fraß, als ob er in acht Tagen nichts mehr bekommen sollte.

Immer weiter ging nun die Reise über Berg und Tal, bis sie an ein drittes Wasser kamen. Da lag ein mächtig großes Schiff vor Anker, und am Strand stand des Schiffers Haus. Der Schiffer trat heraus, grüßte den Jüngling und bot ihm Obdach und Labsal. Das ließ dieser sich gefallen, denn in den Bergen und Tälern war er keinem Wirtshaus begegnet, und sein Magen knurrte. Nachdem er sich gestärkt hatte, fragte er den Schiffer, wie das Wasser hieß und wie weit es bis zum goldenen Königreich sei. »Das Wasser heißt *das Allerschlimmste*«, sprach der Schiffer, »weil noch kein Schiff hat hinüberfahren können. Aber selbst wenn man hinüber gelangen könnte, dann hat man immer noch nicht gewonnen, denn da liegen neun Riesen, die lassen nicht mit sich spaßen. Sie fordern von jedem die Füße als Zoll, der in das goldene Königreich will, und mit denen wird niemand so leicht fertig.«

»Die Riesen kümmern mich nicht, wenn Ihr mich nur hinüberfahren wollt.«

»Dazu ist mir mein Schiff und mein Leben zu lieb«, erwiderte der Schiffer, aber als der Jüngling anfing, aus seiner Börse blanke Goldtaler auf den Tisch zu zählen, wurde der Fährmann immer mutiger, und als der Tisch vollgezählt lag, sprach er: »Nun, ich will's wagen!«

Da stieg der Jüngling mit seinen Tieren in das Schiff, der Fährmann folgte, und die Segel schwollen im frischen Wind. Plötzlich aber brach der Sturm los. Das Wasser wurde ganz schwarz, die Wellen gingen turmhoch und packten das Schiff, als ob sie es zermalmen wollten. Dazu zischten die Blitze, so dass der Himmel wie ein Feuermeer schien, der Donner folgte sich Schlag auf Schlag, kurz, es war, als solle die Welt untergehen. Der Schiffer jammerte und schrie, die Tiere wimmerten vor Angst, nur der Jüngling blieb ruhig und kalt. Als der Schiffer zuletzt gar alles verloren gab, als die Segel rissen, der Mast brach und keine Rettung mehr möglich schien, da fasste er das Steuerruder und hielt an demselben aus, bis die Wut des Sturmes sich legte, die wilden Wasser sich ebneten und die Sonne wieder hinter den Wolken hervortrat. Da lag das Riesenland vor ihnen, der Jüngling beschenkte den Fährmann noch einmal reichlich und machte sich mit seinen Tieren auf den Weg.

Er war nicht weit gegangen, da kamen die neun Riesen schon heran gepoltert, schwenkten ihre dicken Eisenstangen über den Köpfen und schrien alle durcheinander: »Deine Füße müssen wir als Zoll haben! Her deine Füße! Deine Füße her!«

»Ei, schreit nicht so toll! Ich höre es ja schon!« rief der Jüngling. »Wer will meine Füße haben?«

»Wir wollen sie haben!« schrien die vier ersten und wollten über ihn herfallen, aber hui sagte das Schwert, und da waren sie alle vier mäuschenstill. Dann lief er zu den fünf andern, die nicht so schnell gelaufen waren, hui pfiff das Schwert, und da lagen wieder drei da. Die zwei letzten nahm der Löwe zum Mittagsbrot und fraß, dass er nicht mehr von der Stelle konnte.

Voller Freude schaute der Jüngling um sich, und da lag in der Ferne eine wunderschöne Stadt, die strahlte und leuchtete in der Sonne wie reines Gold. Er ruhte einen Augenblick aus, dann spornte er sein Ross und sprengte auf die Stadt zu, aber je näher er kam, umso weniger konnte er den Glanz aushalten. »Das muss das goldene Königreich sein«, sprach er, »oder ich finde es nie«, und er hatte recht, denn es war die Hauptstadt vom goldenen Königreich.

Als er hineinkam, fragte er zuerst nach dem Königsschloss. Dann kehrte er in einem Wirtshaus ein, welches dem Schloss gerade gegenüberlag. Da hörte er von dem Wirt, dass in dem Schloss drei schöne Prinzessinnen seien; sie seien aber verwünscht und könnten nur durch den Bräutigam der jüngsten erlöst werden, der wohne noch jenseits der drei Meere und der drei Riesenländer, und es sei eine große Frage, wann er komme. Der Jüngling fragte weiter, wie der Bräutigam die Erlösung vollbringen solle; das Schloss sei ja vollkommen abgeriegelt, und man sehe ihm nicht an, dass ein lebendes Wesen darin wohne.

Sprach der Wirt, wenn der Bräutigam im rechten Wagen und mit den rechten Pferden zu dem Schloss fahre, dann werde es sich öffnen; weiter wisse er nichts. Nun wusste der Jüngling genug, denn es war klar, dass nur er der Bräutigam sein konnte.

Am folgenden Tag tat die Börse ihre Schuldigkeit. Er kaufte einen schwarzen Wagen und sechs schwarze Rosse, nahm viele Diener an und kleidete alle schwarz; also fuhr er auf das Schloss zu. Als der Wagen in die Nähe des Tores kam, sprang es auf, und da kam er in den großen Schlosshof. Der war aber öde und einsam und alle Türen und Fenster zugesperrt; nur dem Tor gegenüber war ein zweites Tor, das war auch offen. Der Jüngling befahl dem Kutscher hindurch zu fahren, denn er glaubte in einen zweiten Hof zu kommen, aber er fand sich auf der Straße, und das Tor schlug hinter ihm zu.

Da sah er, dass dies der rechte Wagen und die rechten Pferde nicht waren. Er kaufte sich nun einen prächtigen braunen Wagen mit sechs braunen Pferden, kleidete auch alle seine Diener braun und fuhr wieder auf das Schloss zu. Das große Tor sprang vor dem

Wagen auf, und der Wagen rollte in den Schlosshof. Da war es wiederum ganz still und einsam, nur waren die Fenster alle offen, so dass man in die prächtigen Zimmer sehen konnte, doch die Türen blieben geschlossen, und keine lebende Seele zeigte sich. Da befahl er dem Kutscher, durch das zweite Tor zu fahren, und als er kaum hindurch war, schlug es hinter dem Wagen zu.

Am folgenden Tag kaufte er sich einen schneeschlossenwißen Wagen mit sechs Schimmeln, kleidete alle seine Diener weiß und fuhr so zu dem Schloss. Da sah er von weitem schon das große Tor sperrangelweit offen. Auf dem Dach flatterten die Fahnen, und die Kanonen schossen, als er näher kam, dass der Erdboden zitterte. Als er hineinfuhr, scholl ihm Musik entgegen von Pauken und Trompeten, und der ganze Hof stand voll prächtig gekleideter Herren und Frauen, und Diener schlossen seinen Wagen auf und empfingen ihn ehrerbietig, um ihn ins Schloss zu führen. Da stand an der Treppe der König mit seiner Krone auf dem Haupte, drei schöne Jungfrauen zu seiner Seite. Die jüngste und schönste aber eilte dem Jüngling entgegen und sprach: »Sei gegrüßt, mein Erlöser und Geliebter!« Sie küssten sich und wurden zur Stunde miteinander vermählt und waren in treuer Liebe glücklich ihr Leben lang.

Märchen aus Deutschland

Die drei Schwestern

Es lebte einmal ein Bauer, der hatte drei Töchter. Die beiden älteren waren hoffärtig und mochten nur schöne Kleider und seidene Tücher tragen, die jüngste aber war bescheiden, führte fleißig den Haushalt und half jedermann gern.

Einst wollte der Bauer junges Geflügel zum Markt führen. Er verabschiedete sich von seinen Töchtern und fragte: »Was soll ich euch aus der Stadt mitbringen?«

Die älteren Schwestern verlangten seidene Kopftücher, bunte Bänder und goldenen Schmuck, die jüngste aber schwieg. Der Bauer, der seine jüngste Tochter nicht weniger liebte, fragte sie deshalb: »Nun, Töchterchen, wünschst du dir gar nichts?«

»Ach freilich«, antwortete sie, »aber ich mag nichts nennen, damit du meinetwegen kein Geld ausgibst. Bekommst du aber etwas geschenkt, so bring es mir mit!«

Der Bauer versprach es und fuhr zur Stadt, wo er sein Geflügel wider Erwarten mit großem Vorteil verkaufte. Wohlgemut trat er in einen Laden und besorgte alles, was die beiden älteren Töchter begehrt hatten. Da fragte der Krämer: »Bauer, willst du nicht etwas geschenkt haben?«

»Ei«, versetzte der Bauer, »wer möchte wohl ein Geschenk zurückweisen?«

»Gut, so nimm denn eins von den Jungen, die unsere Ladenkatze uns beschert hat. Ich mag sie nicht alle in den Fluss werfen. Da, steck das kleinste ein! Es wird dir zu Hause die Kornmäuse vertilgen!«

Der Bauer bedankte sich bei dem Krämer, hob das Kätzchen in den Wagen und fuhr davon. Auf halbem Weg kamen ihm seine beiden älteren Töchter entgegengelaufen, fragten hastig nach den

Geschenken und nahmen sie ohne großen Dank in Empfang. Als der Bauer auf dem Hof angelangt war und sein Pferd abschirrte, kam auch die jüngste Tochter fröhlich herbei, grüßte ihn und sagte: »Aber, nicht wahr, Väterchen, Leute, die etwas schenken, gibt's in der Stadt wohl nicht mehr?«

»Freilich gibt's solche noch, meine Goldtochter«, antwortete der Bauer. »Deshalb habe ich auch ein Geschenk für dich mitgebracht. Geh nur zum Wagen, da wirst du es finden!«

Die beiden älteren Schwestern liefen herbei, um das Geschenk der Jüngsten zu sehen. Als das Kätzchen zum Vorschein kam, lachten sie und wollten es fortscheuchen, aber die jüngste Schwester nahm es schnell auf den Arm, trug es liebevoll in die Stube und setzte ihm ein Schälchen Milch vor. Seitdem versorgte sie es treu, und das Kätzchen gedieh und wurde dem Mädchen von Tag zu Tag lieber.

Am nächsten Sonntag gingen die hoffärtigen Schwestern in ihrem neuen Putz zur Kirche und ließen die Jüngste zur Hausarbeit daheim. Betrübt trat sie aus dem Haus in den Garten und hielt ihr Kätzchen auf dem Arm. Da kam eine bunte Elster geflogen und ließ sich auf dem Gartenzaun nieder. Im nächsten Augenblick schlich sich das Kätzchen zum Zaun und haschte nach dem Vogel. Der flog kreischend auf und ließ aus seinem Schnabel eine goldene Schnalle niederfallen. Das Mädchen hob den glänzenden Fund auf, betrachtete ihn staunend und verbarg ihn in seiner Schublade, sagte aber zu niemandem ein Wort von dem, was geschehen war.

Am nächsten Sonntag waren die beiden älteren Schwestern wieder in der Kirche und ließen ihren Putz von den Burschen bewundern, die Jüngste aber spielte daheim im Garten mit ihrem Kätzchen. Plötzlich gewahrte sie wieder die Elster auf dem Zaun, welche diesmal zwei goldene Ringe im Schnabel trug. Das Kätzchen sprang auch diesmal nach dem Vogel, der ängstlich davon flatterte und die Ringe fallen ließ. Da nahm das Kätzchen die Ringe mit den Zähnen auf, brachte sie dem Mädchen und legte sie ihm in den Schoß. Das Mädchen nahm den kostbaren Fund und verwahrte ihn sorgfältig bei dem ersten.

Am nächsten Sonntag wollten die älteren Schwestern daheimbleiben, weil ein Regen aufzuziehen drohte, und sprachen zur Jüngsten: »Geh du nur zur Kirche! Deinesgleichen verträgt schlechtes Wetter!«

Die jüngste Schwester freute sich, nach langer Zeit die Predigt hören zu können, und machte sich bereit. Sie nahm ihre Schätze aus der Lade, schmückte sich heimlich mit der blitzenden Bruststpange und den beiden Ringen und schlüpfte davon. Unterwegs fielen die Blicke aller Kirchgänger auf sie, im Gotteshaus bewunderte die ganze Gemeinde ihren herrlichen Schmuck, und den jungen Burschen erschien sie noch einmal so schön wie früher.

Als die älteren Schwestern am folgenden Sonntag das Gerede der Leute hörten und merkten, dass niemand mehr auf ihren Putz schaute, wollten sie vor Neid und Hass schier bersten. Sie eilten nach Hause und fragten die jüngste aus, von wem sie den Schmuck habe. »Von dem Kätzchen!« antwortete das Mädchen und erzählte ihnen alles, wie es sich zugetragen. Da nahmen die älteren Schwestern das Kätzchen, liebkosten es und fütterten es und führten es wohl zehnmal am Tag in den Garten. Das Kätzchen aber, welches bisher nur Schläge von ihnen empfangen hatte, streckte den beiden habgierigen Heuchlerinnen die Krallen entgegen oder entwischte ihren Händen, wo es nur konnte. Darüber ärgerten sich die zwei so sehr, dass sie eine Gelegenheit ersahen und das Tierchen totschlugen. Dann warfen sie es in den Schilf am See. Indes hatte die jüngste Schwester ihr Kätzchen vermisst und war ausgegangen, es zu suchen. Als sie es nirgends fand, fürchtete sie, es sei getötet worden, weinte bittere Tränen und rief auf Weg und Steg: »O weh, wer hat mein Kätzchen umgebracht?«

Zur selben Zeit sprachen die älteren Schwestern untereinander: »Was soll dem dummen Ding der kostbare Schmuck? Wir müssen ihn haben, und wenn es unsere Schwester das Leben kostet!« Sie liefen ihr nach, lauerten ihr im Wald auf, sprangen hervor und erschlugen sie wie das Kätzchen. Dann verscharrten sie den Leichnam im Dickicht unter einem Sandhügel und deckten das Grab mit Schilfrohr vom See zu. Darauf gingen sie nach Hause, nahmen den goldenen Schmuck an sich und sagten zum Vater: »Eben haben Zigeuner unsere Schwester gefangen und fortgeschleppt!«

Das Schilf auf dem Grab des unschuldigen Mädchens aber wuchs noch in derselben Nacht mächtig empor. Am nächsten Tag trieb der Dorfhirte seine Herde durch den Wald, da lief ihm mitten im Wald eine junge Kuh vom Weg ab und rannte ins Dickicht. Scheltend ging er ihr nach, blieb aber verwundert stehen, als er tief im Gebüsch ein dichtes Schilfgestrüpp gewahrte. Er zog sein Messer hervor, schnitt eines von den stärksten Rohren ab und machte sich im Weitergehen eine Flöte daraus. Als er hineinblies, sang die Flöte:

»Ein Mädchen war ich und bin seit zwei Tagen grausam erschlagen.«

Als der Hirt das Lied vernahm, erschrak er und ahnte Böses. In seinem Schrecken lief er zum Landesherren aufs Schloss und sagte ihm alles an. Die Flöte sang wieder das gleiche Lied, und der Fürst sprach: »Hier ist eine schwere Schuld begangen, die wir ans Licht bringen müssen.«

Er rief seine Knechte und ritt mit ihnen in den Wald zu dem Grabhügel, aus dem das Schilfrohr wuchs. Sie gruben den Hügel auf und fanden das Mädchen, das mit roten Wangen wie im Schlaf dalag. Die Flöte des Hirten hub wieder zu singen an:

»Ein Mädchen war ich und bin seit zwei Tagen von den Schwestern erschlagen.«

Da befahl der Fürst, das Mädchen aufzuheben und in sein Schloss zu tragen. Zu den älteren Schwestern aber schickte er seine Knechte, die mussten die beiden in Ketten werfen und auf sein Schloss bringen, denn er gedachte an den Übeltäterinnen strenges Gericht zu üben.

Als die gemordete jüngste Schwester in den Schlosshof getragen wurde, sang die Flöte:

»Schöpfe Wasser aus der heiligen Quelle, netze Augen mir und Mund: gleich bin ich gesund.«

»Es soll geschehen!« rief der Fürst. Er trat zur Quelle, die im Schlosshof sprudelte, schöpfte Wasser mit der Hand und benetze damit der Toten Antlitz. Da öffnete sie die Augen, richtete sich auf und schaute umher. Wie sie aber ihre Schwestern in Ketten erblickte, warf sie sich dem Fürsten zu Füßen und bat für sie um Vergebung. Da sprach der Fürst: »Sie verdienen zwar verbrannt zu werden, aber da du selbst für sie bittest, so mögen sie weiterleben, bis sie an ihrer Schmach und Schande zugrunde gehen.«

Der Fürst hatte aber einen Knappen, eines Edelmannes Sohn, der trat aus der Menge hervor und rief: »Dieses Mädchen, das Ihr so wunderbar erwecket habt, sollte wohl eines Ritters Gemahlin sein! Wenn es Euer gnädiger Wille aber erlaubt, so gebt sie mir zur Frau!«

»Das will ich wohl tun!« erwiderte der Fürst. »Doch frage nicht nach meinem Willen, bevor du den ihren erkundet hast.«

Der jüngsten Schwester gefiel der Knappe. Sie reichte ihm die Hand und gewann so, obschon aus niederem Stande, einen edelgeborenen Gemahl. Darauf sprach sie zum Fürsten: »Ich bitt' Euch von Herzen, erbarmt Euch nun auch meines armen Kätzchens und macht es mit dem heiligen Wasser gesund, denn gewisslich ist es umgekommen.« Der Fürst lächelte und fragte, wo das Kätzchen denn wäre. Da antworteten die älteren Schwestern zitternd: »Wir haben es erschlagen und in das Schilf geworfen.«

»So sollt ihr es herbeischaffen!« sprach der Fürst und hieß sie gehen. Sie liefen den Weg zum See hinab und kamen ans Ufer. Kaum traten sie aber in das Schilf, um nach dem toten Kätzchen zu greifen, wich der Schilfgrund unter ihren Füßen, und sie versanken in die Tiefe. Niemand hat sie je wiedergesehen, und auch das Kätzchen blieb verschwunden.

Als die Söhne der jüngsten Schwester herangewachsen waren und große Kriegshelden wurden, nahmen sie einen Katzenkopf in ihr Wappen auf zum Gedächtnis an den wunderbaren Ursprung ihres Geschlechts.

Märchen aus Estland

Lilla Rosa und Långa Leda

Es waren einmal ein König und eine Königin, die hatten eine einzige Tochter. Sie hieß Lilla Rosa, Rose, und war ebenso schön wie klug, so dass sie von allen geliebt wurde. Nach einiger Zeit aber starb die Königin, und der König nahm eine andere Gemahlin. Die neue Königin hatte gleichfalls eine einzige Tochter, aber diese war überaus hochmütig und von so hässlichem Aussehen, dass man sie *Långa Leda*, Vogelscheuche, nannte. Die beiden Stiefschwestern wuchsen zusammen am Hof des Königs auf, und jeder, der sie erblickte, sah gleich, wie verschieden sie waren.

Die Königin und Långa Leda waren auf Lilla Rosa neidisch und fügten ihr so viel Übles zu, wie sie vermochten. Aber die schöne Königstochter blieb immer sanft und freundlich und verrichtete willig alle Arbeiten, wie schwer sie auch sein mochten. Das erbitterte die Königin nur noch mehr, und sie wurde umso böser, je mehr Lilla Rosa es ihr recht zu machen suchte.

Eines Tages lustwandelten die Königin und die beiden Prinzessinnen im Baumgarten, der nahe bei der königlichen Burg lag. Da hörten sie, wie der Aufseher des Kräutergartens mit seinem Jungen sprach und ihm gebot, die Axt zu holen, die sie unter einem Baum vergessen hatten. Als die Königin dies vernahm, befahl sie Lilla Rosa, die Axt zu holen. Der Aufseher wollte es nicht zulassen und meinte, dass sich eine solch geringe Arbeit für eine Königstochter nicht zieme. Die Königin aber bestand auf ihrem Befehl, um die ungeliebte Stieftochter zu demütigen.

Als Lilla Rosa nun in den Hain ging, wie die Königin es befohlen hatte, sah sie sich nach der Axt um und bemerkte, dass sich drei schöne weiße Tauben auf dem Stiel niedergelassen hatten. Da nahm sie ein Stückchen Brot von ihrem Mittagsmahl, zerbröckelte es und reichte es den Vögeln auf der ausgestreckten Hand. Dabei sagte sie freundlich: »Da habt ihr ein wenig Brot, meine Täubchen, weil ich euch vertreiben und die Axt zu meiner Stiefmutter tragen muss.« Die Tauben pickten das Brot auf und hüpften willig beiseite. Lilla Rosa nahm die Axt und ging davon. Sie war aber noch nicht weit gegangen, als die Tauben miteinander zu sprechen begannen und überlegten, wie sie dem Mädchen seine Freundlichkeit lohnen wollten. Die eine sagte: »Ich will es ihr so vergelten, dass sie noch einmal so schön werde, wie sie schon ist.« Darauf sagte die andere: »Ich vergelte es ihr dadurch, dass ihre Haare sich in Goldfäden verwandeln.«

»Und ich«, sagte die dritte, »vergelte es damit, dass jedes Mal, wenn sie lacht, ein goldener Ring aus ihrem Mund fallen soll.« So sprachen die Tauben und flogen davon, und alles ging in Erfüllung, wie sie gesagt hatten.

Als Lilla Rosa zu ihrer Stiefmutter kam, verwunderten sich alle über ihre unvergleichliche Schönheit, über ihr schönes goldenes Haar und über die goldenen Ringe, die aus ihrem Mund fielen, wenn sie lachte. Die Königin forschte genau nach, wie sich alles zugetragen, und von der Stunde an hasste sie ihre Stieftochter noch mehr als früher und sann Tag und Nacht darauf, wie ihre eigene Tochter ebenso schön werden könne wie Lilla Rosa. Zu diesem Behufe ließ sie heimlich den Aufseher des Krautgartens rufen und sagte ihm, was er tun solle. Hierauf begab sie sich mit den beiden Prinzessinnen in den Blumengarten, um dort wie gewohnt zu lustwandeln. Als sie beim Aufseher des Krautgartens vorbeigingen, sagte dieser überlaut, dass er seine Axt unter den Bäumen vergessen habe, und trug dem Jungen auf, sie zu holen. Da sprach die Königin, dass Långa Leda die Axt holen solle, worauf der Aufseher sich widersetzte und meinte, dass sich eine so geringe

Arbeit für eine so vornehme Jungfrau nicht zieme. Die Königin bestand aber auf ihrem Befehl und gebot es aufs Neue. Als Långa Leda in den Hain kam, sah sie sich nach der Axt um und erblickte drei schöne weiße Tauben, die hatten sich auf den Stiel gesetzt. Da konnte die Königstochter ihren üblen Sinn nicht beherrschen, warf mit Steinen nach den Vögeln und schalt: »Hinweg, ihr garstigen Vögel! Wie könnt ihr da sitzen und die Axt beschmutzen, die ich doch mit meinen reinen weißen Händen aufheben soll!« Bei diesen Worten flogen die Tauben fort.

Långa Leda nahm die Axt, wie ihr befohlen worden, und ging heimwärts. Die Tauben aber begannen untereinander zu sprechen und zu überlegen, wie sie die böse Jungfrau ihre Bosheit entgelten lassen sollten. Da sagte die eine: »Ich entgelte es also, dass sie noch einmal so hässlich wird, als sie schon ist.« Die andere sprach: »Ich dadurch, dass ihre Haare wie Dornreiser werden.«

»Und ich«, fügte die dritte hinzu, »lasse es sie damit entgelten, dass jedesmal, wenn sie lacht, eine Kröte aus ihrem Mund hüpfen solle.« So sprachen die Tauben und flogen davon, und alles ging genauso in Erfüllung, wie sie gesagt hatten. Als Långa Leda zu ihrer Mutter kam, verwunderten sich alle über ihr abstoßendes Aussehen, über ihr struppiges Haar, das einem Dornbusch glich, und über die Kröten, die ihr aus dem Mund kamen, wann immer sie lachte. Die Königin härmte sich sehr über dieses große Unglück, und man erzählt, dass sie und ihre Tochter von diesem Tag an nur noch selten lachten!

Die Stiefmutter mochte Lilla Rosa nun nicht länger vor Augen haben und trachtete, sie zu verderben und aus dem Wege zu schaffen. In dieser Absicht ließ sie heimlich einen Schiffer rufen, der ihre Stieftochter in ein fernes Land bringen sollte, und versprach ihm viel Geld, wenn er die Königstochter an Bord nehmen und sie auf hoher See in die tiefste Tiefe des Meeres versenken wolle. Der Schiffer ließ sich durch das Geld betören, das an so vielem

Bösen die Schuld trägt, und führte die Prinzessin in der Nacht fort, wie die Stiefmutter es verlangt hatte. Als das Fahrzeug aber weit draußen auf dem wogenden Meere segelte, erhob sich ein heftiger Sturm, so dass das Schiff mit Hab und Mannschaft zu Grunde ging, nur Lilla Rosa allein nicht. Sie wurde von den Wellen fortgetragen, bis sie an eine unbewohnte grüne Insel fern im Meer kam. Hier lebte sie nun einsam, ohne irgendeinen Menschen zu hören oder zu sehen, und ihre Nahrung waren wilde Beeren und Wurzeln, die im Wald wuchsen.

Eines Tages, als Lilla Rosa am Strand umherwanderte, fand sie Kopf und Beine eines jungen Hirschkalbes, das von wilden Tieren zerrissen worden war. Das Fleisch war noch frisch, und so hob sie das Beingerippe auf und steckte es auf einen langen Stock, damit die kleinen Vögel es besser wahrnehmen könnten und kämen, um daran zu picken. Hierauf legte sie sich in den Sand und schlummerte ein. Sie hatte noch nicht lange geschlafen, da wurde sie von einem lieblichen Gesang geweckt. Sie lauschte und glaubte, dass sie träume, denn so schönen Gesang hatte sie noch niemals vernommen. Wie sie nun um sich schaute, gewahrte sie, dass aus dem Beingerippe, welches sie den kleinen Vögeln des Himmels zur Nahrung aufgestellt hatte, eine grüne Linde geworden war und aus dem Haupt des Hirschkälbchens eine Nachtigall, die zuoberst in der Krone des Baumes saß. Das Lindenlaub aber klang auf eine so seltsame und süße Weise, dass die Töne eine wunderbare Harmonie ergaben, und die kleine Nachtigall saß mitten darin und schlug so schön, dass, wer sie hörte, gewiss dachte, er sei im Paradies.

Seit diesem Tag fiel es der Königstochter weniger schwer, allein auf der Insel zu sein, denn wenn sie traurig wurde, brauchte sie nur zu der singenden Linde zu gehen, und schon wurde ihr Herz entzückt, und sie fühlte sich wunderbar getröstet. Gleichwohl konnte sie ihre Heimat nie vergessen. Oft setzte sie sich an den Strand und schaute mit großer Sehnsucht aufs Meer hinaus, dessen Wellen frei von Land zu Land wandern.

Eines Tages, als Lilla Rosa wie gewöhnlich am Strand saß, erblickte sie ein schönes Schiff, das über das Meer hinsegelte. Auf dem Schiff waren viele stattliche Jünglinge, und ihr Anführer war ein tapferer Königssohn. Als das Fahrzeug sich der Insel näherte und die Jünglinge den lieblichen Gesang vernahmen, der über das Wasser tönte, dachten sie, dass dies ein verzaubertes Land sein müsse, und wollten sogleich wieder hinaus auf die offene See. Ihr Anführer aber wollte unbedingt ergründen, woher das wunderbare Singen und Klingen käme, und gab Befehl, vor Anker zu gehen.

Als der Königssohn an Land kam und den Gesang der Linde und das Schlagen der Nachtigall aus der Nähe hörte, wurde ihm wundersam zumute, und er meinte, noch niemals etwas so Schönes und Rührendes vernommen zu haben. Noch seltsamer aber kam es ihn an, als er weiterging und unter der grünen Linde eine Jungfrau gewahrte, deren Haar wie Gold glänzte und deren Antlitz leuchtete wie der weißeste Schnee. Er grüßte sie und fragte, ob sie die Herrin der Insel sei, und Lilla Rosa bejahte es. Der Königssohn wollte nun wissen, ob sie eine Meerjungfrau sei oder ein Mensch; da erzählte sie ihm, welche Abenteuer sie bestanden und wie sie von einem Sturm auf die einsame Insel verschlagen worden, und erzählte zugleich von ihrer königlichen Herkunft. Da wurde der Königssohn froh und konnte die Freundlichkeit und Schönheit der Jungfrau nicht genug preisen. Sie sprachen lange miteinander, bis der Königssohn Lilla Rosa fragte, ob sie mit ihm gehen und seine Königin werden wolle, wozu sie ihm ihr Jawort und ihre Einwilligung gab. Hierauf segelten sie von der Insel fort und kamen in das Reich des Königssohnes. Lilla Rosa aber nahm die Linde mit sich und setzte sie in den Königshof. Und wenn die grüne Linde sang und die Nachtigall schlug, so hatte die ganze Nachbarschaft ihre Lust und ihre Freude daran.

Als Lilla Rosa einige Zeit verheiratet gewesen, gebar sie einen schönen Knaben. Da gedachte sie ihres alten Vaters und schickte ihm Nachricht von allem, was ihr widerfahren war, aber sie wollte ihn nicht wissen lassen, dass die Königin an all ihrem Leiden Schuld gewesen. Bei diesen Nachrichten freute sich der König von Herzen und mit ihm all seine Gefolgsleute, denn alle liebten sie Lilla Rosa sehr. Die Königin aber und Långa Leda erschraken, als sie hörten, dass Lilla Rosa noch am Leben war, und berieten sich miteinander, wie sie der Königstochter ein Unglück bereiten könnten.

Die falsche Stiefmutter machte sich hierauf bereit und verkündete, dass sie fortfahren und ihre Stieftochter besuchen wolle. Als sie dort angekommen, wurde sie auf das allerbeste empfangen, denn Lilla Rosa wollte das Böse vergessen, das ihre Stiefmutter ihr angetan. Die Königin stellte sich freundlich und sprach manches schöne Wort. Eines Abends sagte sie zu Lilla Rosa, dass sie ihr ein Geschenk zum Andenken ihrer Freundschaft und Liebe machen wolle. Die Stieftochter dachte an keine List und dankte für die Gabe. Da holte die Königin ein mit Seide genähtes Hemd hervor, dessen sämtliche Falten mit Gold gestickt waren. In dem schönen Hemd aber steckte ein böser Zauber, so dass Lilla Rosa, als sie es anzog, in eine Gans verwandelt wurde. Da die Königstochter aber so schönes goldenes Haar besaß, erhielt die Gans ein goldenes Gefieder. Sie flog zum Fenster hinaus und warf sich aufs Meer. In derselben Stunde hörte die Linde zu singen auf, die Nachtigall verstummte, und der ganze Königshof wurde von Schmerz und Betrübnis ergriffen; am allermeisten aber trauerte der junge König, Lilla Rosas Gemahl, und nichts konnte ihn trösten.

Wenn die Fischer des Königs nun in mondhellen Nächten auf dem Meer waren, um ihre Netze zu untersuchen, sahen sie stets eine Gans mit goldenen Federn auf dem Wasser hin und her schwimmen. Hierüber erstaunten sie sehr; es schien ihnen ein besonderes Wunderzeichen zu sein. In einer Nacht aber geschah es, dass die schöne Gans zum Boot eines der Fischer schwamm und zu ihm zu sprechen begann. »Guten Abend, Fischer!« grüßte sie ihn und fragte:

»Wie steht es daheim auf dem Königshof?
Singt meine Linde?
Schlägt meine Nachtigall?
Weint mein kleiner Sohn?
Ist mein Gemahl jemals froh?«

Als der Fischer diese Worte hörte und die Stimme der jungen Königin erkannte, wunderte er sich und antwortete:

»Daheim auf dem Königshof steht es schlimm:
Deine Linde singt nicht.
Deine Nachtigall schlägt nicht.
Dein Sohn weint bei Tage und in der Nacht.
Dein Gemahl niemals lacht.«

Da seufzte die schöne Gans und klagte:

»Ach, ich Arme, die auf den blauen Wogen schwimmt und nie mehr werden kann, was sie gewesen!«

Bevor sie davonflog, rief sie dem Fischer zu: »Gute Nacht, Fischer, noch zweimal komme ich hierher und dann niemals mehr!«

Der Fischer fuhr heim und erzählte seinem Herrn, was er vernommen. Der junge König befahl den Fischern, die goldene Gans zu fangen, und versprach ihnen eine hohe Belohnung im Falle, dass es ihnen gelänge. Da machten die Männer ihre Schlingen zurecht und noch anderes Gerät und begaben sich auf die See hinaus. Als der Mond aufgegangen war, kam die schöne goldene Gans zu ihrem Boot geschwommen, grüßte sie und sprach:

»Wie steht es daheim auf dem Königshof?
Singt meine Linde?
Schlägt meine Nachtigall?
Weint mein kleiner Sohn?
Ist mein Gemahl jemals froh?«

Da antwortete der eine Fischer wie früher:

»Daheim auf dem Königshof steht es schlimm:
Deine Linde singt nicht.
Deine Nachtigall schlägt nicht.
Dein Sohn weint bei Tage und in der Nacht.
Dein Gemahl niemals lacht.«

Da ward die schöne Gans betrübt und klagte:

»Ach, ich Arme, die auf den blauen Wogen schwimmt und nie mehr werden kann, was sie gewesen!«

Und sie rief: »Gute Nacht, Fischer, nun komme ich noch einmal hierher und dann niemals mehr!«, und wollte entfliehen, aber die Fischer waren bereit und warfen schnell ihr Netz über sie. Da begann die Gans mit den Flügeln zu schlagen und schrie:

»Lasst mich los oder haltet mich tapfer!
Lasst mich los oder fasst euch ein Herz!«

Im selben Augenblick verwandelte sie ihre Gestalt in die von Schlangen, Drachen und anderen wilden Tieren. Da fürchteten die Fischer um ihr Leben, ließen das Netz fahren, und der Vogel entkam. Als der König den Ausgang ihres Abenteuers hörte, wurde ihm ganz bang zumute, und er wies sie an, sich von keiner Täuschung mehr schrecken zu lassen. Hierauf ließ er neue und stärkere Schlingen anfertigen und verbot den Fischern bei Lebensstrafe, die Gans entkommen zu lassen, wenn sie sich das nächste Mal zeige.

Als der Mond in der dritten Nacht aufgegangen war, fuhren die Fischer des Königs wieder aufs Meer hinaus und sahen nach ihren Netzen. Sie warteten lange vergeblich, dass die goldene Gans erschien, endlich aber kam sie auf den Wogen daher geschwommen und schwamm zu ihrem Boot. Der Vogel grüßte sie wie früher: »Guten Abend, Fischer!«, und fragte wie früher:

»Wie steht es daheim auf dem Königshof?
Singt meine Linde?

Schlägt meine Nachtigall?
Weint mein kleiner Sohn?
Ist mein Gemahl jemals froh?«

Da entgegnete der eine Fischer wie früher:

»Daheim auf dem Königshof steht es schlimm:
Deine Linde singt nicht.
Deine Nachtigall schlägt nicht.
Dein Sohn weint bei Tage und in der Nacht.
Dein Gemahl niemals lacht.«

Da seufzte die schöne Gans, war traurig und klagte:

»Ach, ich Arme, die auf den blauen Wogen schwimmt und nie mehr werden kann, was sie gewesen!«

Und sie rief: »Gute Nacht, Fischer, nun komme ich niemals mehr wieder!« Sie wollte fortfliegen, aber die Fischer warfen ihre Netze und hielten sie fest. Heftig schlug der Vogel mit den Schwingen und schrie:

»Lasst mich los oder haltet mich tapfer! Lasst mich los oder fasst euch ein Herz!«

Die Gans verwandelte ihre Gestalt in die von Schlangen, Drachen und anderen gefährlichen Tieren. Die Fischer aber fürchteten den Zorn ihres Herrn und ließen die Netze nicht los. Sie fingen die goldene Gans und brachten sie heim zum Königshof, wo man sie streng bewachte, damit sie nicht entkommen konnte. Der Vogel aber war schweigsam und traurig und wollte nicht sprechen, und so wurde der Schmerz des Königs noch größer, als er früher gewesen.

Einige Zeit darauf ereignete es sich, dass eine alte Frau von seltsamem Aussehen an den Königshof kam und bat, zum König gelassen zu werden. Wie es befohlen war, antwortete der Wächter, dass der König aus Trauer und Betrübnis niemand sehen wolle; die Alte aber war beharrlich, und so wurde sie schließlich vorgelassen. Als sie zum König kam, fragte er, was sie wolle. Sie erwiderte:

»Herr und König, es ist mir gesagt worden, dass deine Königin in eine goldene Gans verwandelt worden sei und dass du Tag und Nacht über dieses Unglück trauerst. Ich bin gekommen, diesen Zauber zu lösen und dir deine Gemahlin wiederzugeben, wenn du mir versprichst, die Bedingung zu erfüllen, die ich stellen werde.« Als der König dies hörte, freute er sich und fragte, was sie verlange. Da antwortete die Alte: »Ich habe meine Heimat auf einer kleinen Anhöhe, die auf der anderen Seite des schwarzen Flusses liegt. Nun bitte ich dich, dass du eine Steinmauer rund um den Berg anlegen lässt, damit dein Vieh nicht mehr dorthin gelangt und mich beunruhigt, wenn es auf die Weide getrieben wird.«

Dies schien dem König eine kleine Bitte zu sein, und er versprach gern, ihr nachzukommen, obwohl er zweifelte, dass die Alte ihr Wort halten könne, wie sie beteuerte. Sie fing nun umständlich an, von allem zu erzählen, was Lilla Rosa von ihrer bösen Stiefmutter habe erleiden müssen, und dem jungen König fiel es schwer, es zu glauben, denn er konnte sich nicht vorstellen, dass die alte Königin ein so falsches Herz habe. Da bat die Alte, die in Wahrheit eine Hexe war, das schöne seidene Hemd besehen zu dürfen, welches Lilla Rosa von ihrer Stiefmutter zum Geschenk bekommen hatte. Der König ließ es holen, und zusammen gingen sie damit in das Zimmer, in welchem die goldene Gans eingesperrt war. Die Hexe trat zu dem Vogel und zog das Hemd über ihn. Da wurde der Zauber gelöst, Lilla Rosa erhielt ihre wahre Gestalt zurück und stand vor ihnen in all ihrer goldenen Schönheit. Im selben Augenblick begann die Linde wieder zu singen, und die Nachtigall im Wipfel hub zu schlagen an, dass es eine Lust war. Jedermann am Königshof freute sich, und der junge König erkannte, dass die Alte in allem die Wahrheit gesagt, und hielt redlich das Versprechen, das er gegeben hatte.

Lilla Rosa und ihr Gemahl machten sich nun bereit, zu Rosas Vater, dem alten König, zu reisen. Als sie zu ihm kamen, freute er sich so sehr, dass er fast wieder jung wurde, und mit ihm freute sich das ganze Reich. Nur eine freute sich nicht, und dies war die Königin, denn sie konnte wohl merken, dass ihre Falschheit nun aufgedeckt und ihre Zeit aus sei. Als der alte König vernahm, welche List und welches Unrecht seine Tochter von ihrer bösen Stiefmutter erlitten hatte, erzürnte er sehr und verurteilte die Königin zum Tode. Lilla Rosa bat jedoch für das Leben der Stiefmutter, und der König ließ sich bestimmen, seine Gemahlin auf Lebenszeit in einen Turm gefangen setzen zu lassen. Långa Leda aber erlitt die gleiche Strafe wie ihre Mutter.

Der junge König und Lilla Rosa kehrten alsbald in ihr Reich zurück: Dort singt die Linde, dort schlägt die Nachtigall, der kleine Prinz weint weder bei Tage noch in der Nacht, und der König ist immer glücklich und froh.

Märchen aus Schweden

Der Hahn mit den Goldfedern

Es waren einmal zwei englische Offiziere, die hatten sich unter das preußische Militär aufnehmen lassen und dienten hier schon lange Zeit. Da gefiel's ihnen schließlich nicht mehr, und sie beschlossen, heimlich das Heer zu verlassen, und besprachen eben ihre Flucht, als ihr Bedienter, der Bernhard hieß, zu ihnen wollte und an der Tür horchte und also ihren ganzen Plan erfuhr. Da besann er sich nicht lange, sondern trat zu den Offizieren ins Zimmer und sagte, er habe alles gehört, was sie vorhätten, und wenn sie ihn nicht auch mitnähmen, so würde er's dem General anzeigen, dass sie desertieren wollten. Da sagten sie, ja, sie wollten ihn wohl mitnehmen, und machten sich gleich am andern Morgen ganz in der Stille auf und davon und marschierten Tag und Nacht durch, obwohl das Wetter kalt und nass war. Weil sie aber nicht wagten, in ein Wirtshaus einzukehren, so mussten sie unter freiem Himmel übernachten.

So blieben sie auch einmal in einem Wald und ließen ein Feuer anmachen, um ihre Kleider zu trocknen, und legten sich nieder unter einen Baum und schliefen ein. Der Diener aber musste wachen und das Feuer unterhalten. Da war das Holz abgebrannt, und der Bediente ging hin, um frisches zu suchen und zu brechen. Allein eh' er zurückkam, war das Feuer schon ganz erloschen, also dass er den Platz, wo seine Herren ruhten, nicht wiederfinden konnte und nun im Wald hin und her irrte, bis er endlich ein Licht sah und darauf zuging und an ein großes Haus kam. Da freute er sich und hoffte, hier etwas zu essen zu bekommen, denn schon seit mehreren Tagen war Schmalhans bei ihm Koch gewesen, und außerdem war er durch das Wachen und Marschieren bei dem schlechten Wetter ganz müde und matt geworden.

In dem Haus aber war keine menschliche Seele zu finden. Alle Zimmer waren leer. Da legte sich Bernhard schließlich in dem letzten Zimmer, in das er kam, nieder, um sich zu erholen, weil's hier so gut warm war, und wollte eben einschlafen, als er einen Hahn krähen hörte. Da suchte er im ganzen Zimmer umher, aber nirgends war ein Hahn zu entdecken. Nach einer Welle krähte der Hahn zum zweiten Mal, aber er mochte suchen, so viel er wollte, es war kein Hahn zu finden. Wie er nun recht genau aufpasste, wo der Ton wohl herkam, da krähte der Hahn zum dritten Mal, und da merkte er deutlich, dass der Ton aus dem Tisch kam. Er zog sogleich die Schublade auf – und richtig, da saß ein »Gokeler« mit goldenen Federn darin!

Nun zog er geschwind sein Messer aus der Tasche und wollte den Hahn nehmen und schlachten und verzehren, denn er hatte großen Hunger. Aber der Hahn redete ihn an wie ein Mensch und sagte, er solle ihn nicht umbringen, sondern sich nur eine Feder aus seinem Schwanz ziehen; mit der könne er sich alles her wünschen, was er wolle; er brauche bloß mit der Feder zu schreiben, und sogleich werde es da sein. Darauf riss Bernhard dem Hahn eine Goldfeder aus und schrieb damit, dass er sich ein gutes Essen wünsche, und auf der Stelle war der Tisch mit den besten Speisen und Getränken gedeckt. Nachdem er sich gesättigt und gestärkt hatte, schrieb er, er wünsche, dass das Feuer im Wald brennen solle und er bei seinen Herren sein möge und dass diese gut schlafen und ihre Kleider getrocknet seien. Kaum war er mit dem letzten Wort fertig, so war er auch schon wieder bei den Offizieren; die schliefen noch fest, und ihre Kleider waren getrocknet, und das Feuer brannte hell und lustig. Er weckte die beiden und reiste mit ihnen weiter, sagte aber nichts von seiner goldenen Feder, weil's der Hahn ihm verboten hatte.

Nach einigen Tagen, als der große Wald noch immer kein Ende nehmen wollte, blieb der Bediente einmal zurück und schrieb flink mit seiner Feder, er wünsche, dass er und seine Offiziere bald in die Gegend von England kommen möchten, wo sie zu Hause seien. Da dauerte es kaum eine Viertelstunde, da ging der Wald zu Ende, und sie befanden sich in einer freundlichen Gegend, und der eine Offizier blieb stehen und sagte zu seinem Kameraden: »Aber sich nur die Berge und dies Tal und die Stadt dort! Wüsste ich nicht, dass wir hier noch auf preußischem Boden sind, so würde ich sagen, dies wäre unsere Heimat.« Der andere sagte das Nämliche. Als sie aber im nächsten Dorf einkehrten und nach den Namen der Ortschaften und des Landes fragten, da erfuhren sie, dass sie in England waren, ganz nahe bei ihrer Heimat, und konnten gar nicht begreifen, wie das möglich war.

Bald darauf traten die Offiziere wieder in englische Dienste und wollten auch den Diener bereden, dass er in ihrem Regiment dienen möchte; allein, er sagte, er habe das Soldatenleben satt und wolle sein Glück anderswo versuchen, und nahm Abschied von seinen Herren und wanderte fort in die weite Welt hinaus.

Da kam er nach langer, langer Zeit auch einmal in eine große, schöne Stadt und hörte, dass die einzige Tochter des Königs schon viele Jahre lang krank war und niemand ihr helfen konnte. Da ließ er beim König sich melden und gab sich als Doktor aus und verlangte die Prinzessin zu sehen und versprach, sie zu kurieren. Allein, der König traute keinem Doktor mehr und mochte seine Tochter, die am ganzen Leib mit bösen Geschwüren bedeckt war, nicht einmal mehr sehen lassen und wies deshalb den fremden Doktor ab. Der aber ruhte nicht, bis der König endlich nachgab und die Erlaubnis erteilte, dass er die Prinzessin besuchen und ihr etwas verordnen durfte. Da schrieb er ihr mit seiner Goldfeder ein Getränk auf und wünschte, dass es ihr danach ein klein wenig besser gehen möchte. Und so geschah es auch, und die Freude in dem königlichen Schloss war groß. Dann verordnete er ein zweites Getränk und wünschte, dass es danach allmählich immer besser werden möchte, und da ging's denn auch von Tag zu Tag besser, so dass die Prinzessin es kaum erwarten konnte, bis ihr Doktor wiederkam. Als er ihr nun ein drittes Getränk gab, hatte er gewünscht, dass sie danach vollkommen gesund werden möge, und da dauerte es nicht lange, da war sie frisch und wohl wie der Fisch im Wasser und wusste gar nicht, wie sie ihrem Retter genug Dank und Liebe erweisen sollte, denn sie war schon überzeugt, dass sie sterben müsse. Auch der König war über die Maßen froh und bot dem Doktor so viel Geld und Gut, wie er verlangte, aber Bernhard wollte nichts nehmen. Als der König ihm jedoch keine Ruhe ließ und zuletzt fast mit Gewalt ein goldenes Zepter ihm aufnötigte, so nahm er's zwar hin, um nur fortzukommen, legte es draußen aber in ein Nebengässchen nieder, weil's ihm nur Mühe machte, es zu tragen, und wanderte weiter.

Nach einiger Zeit sagte die Prinzessin eines Tages ihrem Vater: »Ich bin nun wieder gesund wie der Fisch im Wasser und möchte nicht als alte Jungfer sterben, sondern heiraten.«

Ei, da war der König so froh, dass er seiner Tochter gelobte und versprach, sie sollte nur sagen, welchen Mann sie gern haben möchte, den sollte sie bekommen. Da sagte sie: »Keinen andern als den Doktor, der mich geheilt hat!«

Nun erschrak der König zwar nicht wenig und hätte gern sein Wort zurückgenommen, wagte es aber doch nicht, weil er seine Tochter sehr lieb hatte. Deshalb sandte er Boten aus, die suchten den Doktor und brachten ihn zum König, und der verlobte ihn dann mit seiner Tochter, und nicht lange nachher war die Hochzeit. Die beiden jungen Eheleute aber waren so vergnügt und glücklich miteinander, dass es eine rechte Freude war, sie nur zu sehen.

Von den unermesslichen Schätzen, die Bernhard sich gewünscht hatte, um als Prinz leben zu können, baute er sich zuerst ein prächtiges Schloss und daneben eine große Kirche, die man nach seinem Namen »Bernhardskirche« nannte, und stiftete in dieselbe ein großes Kreuzbild aus purem Gold. In eine verborgene Röhre dieses Bildes legte er die goldene Hahnenfeder, der er all sein Glück verdankte, denn er glaubte reich genug zu sein für den Rest seines Lebens und wollte zugleich die Wunschfeder beseitigen, weil er versprochen hatte, niemandem etwas davon zu sagen.

Als später aber seine Gemahlin ihm keine Ruhe ließ und gar zu gern gewusst hätte, durch welche Mittel ihr Mann sie geheilt habe, da widerstand er endlich ihren Bitten nicht länger und sagte ihr alles, wie es gekommen, und nannte ihr auch den Ort, wo er die Feder verborgen hatte. In ihrer Herzensfreude erzählte die Tochter nun alsbald auch ihrem Vater diese Geschichte und ahnte nichts Schlimmes. Der König aber, der seinen Schwiegersohn nicht leiden konnte, fasste sogleich einen bösen Anschlag gegen ihn. Er ging in die Kirche und ließ die Feder aus dem Goldbild herausholen und schrieb dann damit, er wünsche, dass ein Sturmwind käme und seinen Tochtermann bis an den äußersten Rand des Meeres verschlage. Da erhob sich sogleich ein heftiger Sturm und führte den Schwiegersohn des Königs durch die Luft, weit weg übers Meer, und warf ihn endlich auf ein Schiff; darin waren Seeräuber, und die erschraken recht ordentlich, als da mit einem Mal ein ganz fremder Mensch in ihr Schiff geflogen kam. Doch nahmen sie ihn mit und verkauften ihn an einen Edelmann, da wurde er Bedienter. Nicht lange, so machte ihn der Edelmann zu seinem Kammerdiener, und er hatte es gut bei ihm, besonders weil die Tochter des Edelmanns so verliebt in ihn war und täglich ihren Vater mit Bitten anging, dass er ihr doch den schönen Kammerdiener zum Mann geben möchte. Endlich erlaubte es der Edelmann und verheiratete seine Tochter mit dem Kammerdiener, und der musste sich's gefallen lassen.

Als er nun eines Tages sich in einen leichten Kahn setzte und am Ufer des Meeres spazieren fuhr, kam plötzlich ein starker Wind und trieb den Kahn mitten aufs hohe Meer, was er nicht verhindern konnte, und trieb ihn immer weiter und weiter, bis er endlich nach mehreren Tagen an der entgegengesetzten Seite des Meeres landen konnte und sich ganz nahe bei der Stadt befand, wo seine Gemahlin lebte. Da wollte er eilig zu ihr gehen, aber am Stadttor wurde er von den Soldaten festgenommen, denn so hatte es der König befohlen.

Als man dem König jetzt meldete, dass sein Tochtermann wieder da sei, ließ er ihn in einen tiefen Kerker werfen, wo weder Sonne noch Mond hineinscheinen konnten. Seiner Tochter aber sagte er nichts davon, obwohl sie keine frohe Stunde mehr hatte, seit ihr Gemahl verschwunden war, und sie gar nicht wusste, wo er sein mochte.

Nachdem nun Bernhard lange Zeit in dem unterirdischen Loch geschmachtet und schon die Hoffnung aufgegeben hatte, dass er noch daraus erlöset werden würde, da schien eines Tages in sein Gefängnis etwas Helles herab, das sah aus wie ein Lichtstrahl und rief ihm zu: »Bernhard, was machst du? Ich bin der Hahn, der dir die Feder gegeben. Warum hast du nicht deinen Mund gehalten, wie ich dir geboten hatte?« Da klagte ihm Bernhard seine Not und bat ihn dringend, dass er ihm doch noch einmal helfen möchte, und da gab der Hahn ihm endlich eine zweite Goldfeder, mit der er sich alles wünschen konnte.

Nun schrieb er zuerst, dass die erste Goldfeder nie wieder ans Tageslicht kommen möchte. Fürs zweite wünschte er sich ins Schloss, in das Zimmer des Königs, und sagte hier seinem Schwiegervater, weil er so bös und grausam an ihm gehandelt, so solle er barfuß mit dem Felleisen auf dem Rücken als Handwerksbursch bei Tag und Nacht durch die Welt reisen. Dann wünschte er sich zu seiner Gemahlin und war im Augenblick bei ihr. Das war aber eine Freude! Nachdem er dann die Strafe für den alten König aufgeschrieben hatte, sah man jenen alsbald barfuß mit dem Ranzen auf dem Rücken aus dem Schloss herauskommen und fortwandern und hat ihn nie zurückkommen sehen. Da wurde Bernhard König und regierte viele Jahre zum Segen des Volkes und war glücklich mit seiner rechten Gemahlin bis an sein Ende.

Märchen aus Deutschland

Der singende Baum, der sprechende Vogel und das goldene Wasser

Ein König starb und ließ drei Kinder zurück: ein Mädchen mit Namen Marie, und zwei Knaben, von denen hieß der eine Louis und der andere René. Die drei Kinder lebten bei ihrer Mutter, der Königin, welche seit langem krank darniederlag. Alle Ärzte am Hofe, aus Frankreich und aus fernen fremden Ländern hatten versucht, die Königin zu heilen. Die einen hatten ihr Tee aus den Kräutern der Wälder und Moore verordnet, die andern hatten Wallfahrten zu allen Kapellen der Umgebung empfohlen, aber keinem war es gelungen, die Königin von der Krankheit zu befreien, an der sie litt. So wurden selbst Zauberer und Hexenmeister gerufen, aber auch ihre Kunst versagte. Eines Tages kam ein Fremder in die Stadt und erfuhr in einem Gasthaus, dass die Gemahlin des verstorbenen Königs zu Tode erkrankt sei. Der Fremde bat, die Königin sehen zu dürfen. Er wurde zu ihr geführt und sprach: »Es gibt nur ein Mittel, wie Ihr geheilt werden könnt: Es muss Euch gelingen, die drei Wunderdinge in Euren Besitz zu bringen, die ein mächtiger Zauberer im Land des Nordwinds in Gewahrsam hat; sie heißen *Singender Baum*, *Sprechender Vogel* und *Goldenes Wasser*. Der singende Baum ist ein herrlicher Baum, aus dessen Blättern eine himmlische Musik tönt; der sprechende Vogel ist ein großer blauer Vogel, der Tag und Nacht allerlei spannende Geschichten erzählt, und was das goldene Wasser betrifft, so vermag es alle Krankheiten zu heilen und jeden Zauber zu brechen. Verschafft Euch den Baum, den Vogel und das Wasser, und Ihr werdet alsbald geheilt sein! Ich muss Euch aber warnen: Es ist schwer, sich der drei Wunderdinge zu bemächtigen – so habe ich wenigstens sagen hören.«

Die Königin belohnte den Unbekannten reich und machte sich daran, jemanden zu finden, der für sie auf die Suche nach den Wunderdingen gehe. Sie ließ die mutigsten Ritter ihres Königreiches zu sich rufen, aber alle weigerten sich, ein solches Unternehmen zu wagen. »Wenn es so ist«, sagte Louis, der älteste Königssohn, »dann will ich auf die Suche nach dem singenden Baum, dem sprechenden Vogel und dem goldenen Wasser gehen. Gleich morgen breche ich auf. Und wenn ich in drei Monaten nicht zurück bin, ist mir ein Unglück zugestoßen.«

Am andern Tag machte sich Prinz Louis auf die Reise in das Land des Nordwinds. Er war mit Geld und Waffen wohl ausgerüstet und ritt das beste der drei Pferde seines Vaters. Zur Nacht kehrte er in Gasthäusern ein und erkundigte sich jedes Mal, ob er auch den rechten Weg eingeschlagen habe, und überall sagte man ihm, dass dem so sei.

Nach acht Tagen kam Louis an eine weite, verlassene Ebene: keine Bäume, keine Häuser, keine Hütten, weit und breit nichts außer einer Reihe hoher Felsen in der Ferne. Und doch hörte er um sich herum Leute, welche lachten und ihm zuriefen: »Wozu, Prinz Louis? Du wirst von deiner Reise nicht zurückkehren! Wozu also, wozu?« In Angst und Schrecken jagte er auf seinem Pferd in Richtung der Felsen, aber die Stimmen verfolgten ihn und riefen wieder und wieder: »Wozu? Wozu?«

Plötzlich hörte er hinter sich das Galoppieren eines anderen Pferdes und wandte sich um. Der Reiter war ein hochgewachsener alter Mann mit langem weißen Bart, der ihm bis zum Gürtel reichte. Prinz Louis zügelte sein Pferd und fragte: »Was wollt Ihr von mir, Alter?«

»Oh, wenig! Nur Euch fragen, wohin Ihr über diese verlassene Ebene galoppiert.«

»Meine Mutter, die Königin von Frankreich, ist krank, und ich reite in das Land des Nordwinds, um einem Zauberer die drei

Wunderdinge zu entführen, die meine Mutter gesund machen können: den singenden Baum, den sprechenden Vogel und das goldene Wasser.«

»Wisst Ihr, junger Prinz, dass dies ein gefährliches Unterfangen ist? Die Felsen, die Ihr dort drüben seht, sind nichts anderes als die Ritter, die gleich Euch nach den Schätzen des Zauberers trachteten und in Stein verwandelt wurden. Ich nehme Anteil an Eurem Schicksal und will Euch helfen. Gebt acht: Sobald Ihr bei den versteinerten Rittern angelangt seid, wird man Euren Namen rufen: Ihr dürft nicht antworten. Man wird Euch schlagen, man wird Euch ins Gesicht speien: Ihr dürft nicht einmal den Kopf wegwenden! Wenn Ihr meinem Rat folgt, so werdet Ihr wohlbehalten zu den Schätzen des Zauberers gelangen.«

Prinz Louis dankte dem alten Mann. Er setzte seinen Weg allein fort und kam bald in die Nähe der bezeichneten Felsen. »Prinz Louis, Prinz Louis, wohin reitet Ihr?« riefen Hunderte von Stimmen, aber der Jüngling antwortete nicht. Später hörte er Wutschreie und Flüche. Dann schlug man ihn und spie ihm ins Gesicht. Da konnte er sich nicht länger beherrschen, wandte sich um – und wurde im selben Augenblick zu Stein.

Die drei Monate verstrichen, und Prinz Louis kehrte nicht aus dem Land des Nordwinds zurück. Da sagte Prinz René adieu zu Mutter und Schwester, bestieg das bessere der beiden verbliebenen Rosse und begab sich auf die Suche nach seinem Bruder und den drei Wunderdingen.

Wie Louis kam er nach acht Tagen auf die weite verlassene Ebene und hörte die gleichen Stimmen. »Wozu, wozu, Prinz René?« riefen sie, aber er entkam ihnen und begegnete dem alten Mann, der auch ihn eindringlich ermahnte, sich nicht umzuschauen, sobald er inmitten der Felsen dahinritte. Als er aber dort war, ertrug er die Beleidigungen, mit denen man ihn überhäufte, nur kurze Zeit. Er wandte sich um und wurde in Stein verwandelt wie sein Bruder.

Als drei Monate vergangen waren, nahm Marie, die Tochter der Königin, das letzte Pferd und machte sich, als Bauernmädchen verkleidet, auf den Weg in das Land des Nordwinds. Sie übernachtete auf Bauernhöfen und schlief in den Scheunen auf Stroh oder bei den Kühen und Schafen. So brauchte sie drei Wochen, bis sie die verlassene Ebene erreichte.

»Wohin gehst du, hübsche Prinzessin, wohin? Wozu diese Reise, wozu?« riefen die Stimmen. Der alte Mann holte sie ein und ermahnte sie, sich nicht umzuschauen, was auch immer ihr weiter geschehen möge. Marie versprach es und ging entschlossen auf die Felsen zu. Da fingen Tausende unsichtbarer Wesen an, sie zu beschimpfen; sie schlugen sie, bewarfen sie mit Steinen und spien ihr ins Gesicht. Marie wich nicht zurück und eilte zu dem freundlichen alten Mann, der ihr den Weg zu den drei Wunderdingen wies: »Sieh! Dort ist die Quelle mit dem goldenen Wasser! Fülle deine Flasche damit, und wenn du an den Felsen vorübergehst, besprenge einen jeden mit einem Tropfen dieses Wassers, und du wirst unglaubliche Dinge sehen. Den sprechenden Vogel trage mitsamt seinem Käfig fort. Er hängt gerade unter dem singenden Baum. Schneide einen einzigen Zweig dieses Baumes ab, und pflanze ihn im Garten deiner Mutter ein!«

Der alte Mann verließ Marie, und rasch schnitt sie den Zweig ab, holte den Käfig und füllte ihre Flasche mit dem goldenen Wasser. Als sie zu den Felsen kam, besprengte sie jeden mit einem Tropfen des Wassers, und alle Ritter, Edelleute, Prinzen und Könige, die der Zauberer in Stein verwandelt hatte, erhielten ihre frühere Gestalt zurück. Einer der Prinzen machte Marie einen Antrag, aber sie schlug ihn aus und kehrte mit Louis und René an den Hof ihrer Mutter zurück. Die Königin wurde dank der drei Wunderdinge gesund, und alle rühmten Marie als das Muster einer treuen und tapferen Tochter. Nach einem

Jahr heiratete sie den hilfreichen alten Mann, der ihr im Land des Nordwinds begegnet war. Es heißt, dass er sich, kaum dass die Hochzeit vollzogen war, in einen schönen jungen Prinzen verwandelt habe und das ganze Glück seiner jungen Frau, der Prinzessin gewesen sei.

Märchen aus Frankreich

Der törichte Wunsch

In alter Zeit, als die Welt jung war, lebte in Indien ein König mit Namen Mohindra. Obwohl er Macht und Reichtum besaß und eine Tochter hatte, die er sehr liebte, war er nicht zufrieden, denn mehr als alles andere auf der Welt liebte er den Glanz des Goldes. Tag und Nacht dachte er nur daran, wie er seine Schätze vermehren könnte, und bat Gott endlich um die Gabe, dass sich alles, was er berührte, in Gold verwandeln möge.

Jeden Tag verbrachte der König viele Stunden in seiner Schatzkammer. Wenn ein Sonnenstrahl durch einen schmalen Spalt in der Wand fiel und den Goldstaub, der in der Luft schwebte, wie tausend winzige Sterne blitzen und blinken ließ, lachte der König vor Vergnügen. Mit beiden Händen griff er in die Goldmünzen, die zu gewaltigen Bergen aufgehäuft waren, warf sie wieder und wieder in die Höhe, und der Klang des herabfallenden Goldes war ihm die schönste Musik.

In jener alten Zeit stiegen die Engel noch manchmal vom Himmel auf die Erde herab. Eines Nachts, als der König tief und fest schlief, kam ein Engel zu ihm in sein Schlafgemach. Der Mond schien hell, und der König erwachte. Da sprach der Engel: »Morgen früh, Mohindra, wenn die freundliche Sonne ihre ersten Strahlen zur Erde schickt, wirst du die Gabe erhalten, dass alles zu Gold wird, was du berührst.«

Wie lang wurde dem König diese Nacht! Endlich ging die Sonne auf, und er lief in seinen Garten. Da wurden die Büsche und Bäume, die er auf seinem Weg streifte, und alle Früchte und Blumen, die er berührte, in glänzendes Gold verwandelt. Der König jauchzte und hielt sich für den glücklichsten Menschen auf Erden.

Als seine kleine Tochter in den Garten gesprungen kam und die goldenen Blumen sah, die all ihre herrlichen bunten Farben und ihren betörenden Duft verloren hatten, begann sie bitterlich zu weinen. Der König versuchte sie mit freundlichen Worten zu trösten und wollte sie in den Arm nehmen, aber kaum hatte er sie berührt, wurde auch sie zu Gold. Und als er sich zu Tisch setzte und essen und trinken wollte, verwandelte sich alles, was er anfasste, ebenfalls in reines glänzendes Gold, und er blieb hungrig und durstig. Da erkannte der König, wie töricht sein Wunsch gewesen war, und betete zu Gott, ihn von dem Zauber zu befreien. Gott war gnädig und erhörte sein Gebet, und alles wurde wie früher.

Märchen aus Indien

Von dem Metallherrscher

Es war eine Witwe, die hatte eine schöne Tochter. Die Mutter war bescheiden und gottesfürchtig, allein die Tochter war hochmütig und stolz. Viele Brautwerber kamen und hielten um sie an, aber keiner war ihr recht, und je mehr die Burschen sich um sie bemühten, desto hoffärtiger wurde sie.

Einst, in einer hellen Nacht, erwachte die Mutter und konnte nicht wieder einschlafen. Da nahm sie den Rosenkranz von der Wand und betete für das Heil ihrer Tochter, welche ihr Sorgen machte. Die Tochter lag neben ihr und schlief, und wie die Mutter mit Wohlgefallen auf ihr schönes Kind sah, lächelte es im Schlaf. »Was mag dem Mädchen wohl Schönes träumen, dass es so lieblich lächelt?« denkt die Mutter. Sie betet das Vaterunser zu Ende und hängt den Rosenkranz auf, legt ihr Haupt neben das ihrer Tochter und schläft ein.

Des Morgens sagt sie zur Tochter: »Erzähl mir, Tochter, was dir heut Nacht Schönes träumte, dass du im Schlaf gelächelt hast!«

»Was mir geträumt hat, Mutter? Ei, mir träumte, ein Herr in kupfernem Wagen komme um meinetwillen und gebe mir einen Ring mit Steinlein, die wie die Sterne am Himmel funkelten. Und als ich in die Kirche kam, da schauten die Leute nur auf die Mutter Gottes und auf mich.«

»Ach, Kind, was für hoffärtige Träume du hast!« rief die alte Mutter und schüttelte den Kopf. Die Tochter aber ging singend an die Arbeit. Am selben Tag fuhr ein Bauernwagen in den Hof, und es kam ein Bauernbursche, der im Dorf in gutem Ruf stand, sie als Gattin zu Bauernbrot zu erbitten. Der Mutter gefiel der junge Bräutigam sehr, allein die stolze Tochter fertigte ihn ab, indem sie sprach: »Und wenn du in kupfernem Wagen kämest und mir einen

Ring gäbest, dessen Steinlein wie die Sterne am Himmel funkelten, ich würde dennoch nicht mit dir ziehen!« Der Bräutigam empfahl sich auf diese hoffärtigen Worte und fuhr traurig von dannen. Die Mutter tadelte die Tochter, aber die Tochter lachte sie aus.

In der zweiten Nacht erwachte die Mutter wieder, nahm den Rosenkranz von der Wand und betete noch inbrünstiger für das Heil ihrer Tochter. Auf einmal lachte diese im Schlaf laut auf. »Was mag dem Mädchen wohl wieder träumen?« denkt die Mutter. Sie betet noch ein Vaterunser und hängt den Rosenkranz auf, kann jedoch lange nicht einschlafen.

Am Morgen fragte sie die Tochter beim Ankleiden: »Ach, Tochter, was hat dir Sonderbares geträumt? Du lachtest ja im Schlaf laut auf!«

»Was mir geträumt hat, Mutter? Ei, mir träumte, ein Herr in silbernem Wagen komme um meinetwillen und schenke mir ein goldenes Stirnband. Und als ich in die Kirche kam, da schauten die Leute nicht so sehr auf die Mutter Gottes als auf mich.«

»Was sprichst du da, Kind! Was für hoffärtige Träume das sind! Bete, Kind, bete, dass du nicht in Versuchung gerätst!« rief tadelnd die Mutter. Allein die Tochter ging hinaus und schlug die Tür hinter sich zu. Sie wollte die Predigt der Mutter nicht hören. Am selben Tag fuhr ein herrschaftlicher Wagen in den Hof, und es kamen Edelleute, sie als Gattin zu Herrenbrot zu erbitten. Die Mutter schätzte sich das für eine Ehre, allein die Tochter fertigte sie stolz ab, indem sie sprach: »Und wenn Ihr in silbernem Wagen kämet und mir ein goldenes Stirnband brächtet, ich würde dennoch nicht mit Euch ziehen!« Die Brautwerber empfahlen sich, allein die Mutter schalt die Tochter und wehklagte: »Ach, Tochter, lass ab vom Stolz! Der Stolz schmeckt nach der Hölle!« Die Tochter verschloss ihre Ohren jedoch und lachte die Mutter aus.

In der dritten Nacht schlief die Tochter tief und fest neben der Mutter, allein die Mutter konnte vor Sorgen nicht einschlafen und gab den Rosenkranz nicht aus der Hand. Da brach die Tochter im Schlaf in helles Gelächter aus. »Gott«, ruft die Mutter erschrocken, »was träumt dem unglücklichen Kind nur wieder!« Und sie betet, betet bis zum lichten Tag für das Heil ihrer Tochter und fragte, als jene erwachte: »Ach, meine Tochter, was hat dir heute Nacht nur wieder geträumt? Du brachst ja in helles Gelächter aus!«

»Wollt Ihr mich wieder auszanken, Mutter?« entgegnete die Tochter.

»Sag mir's, sag mir's!« drang die Mutter in sie, »sag mir's, meine Tochter.«

»Nun, mir träumte, sie kämen in goldenem Wagen und brächten mir ein Gewand aus reinem Gold. Und als ich in die Kirche kam, da schauten die Leute allein auf mich.« Die Mutter jammerte und rang die Hände. Die Tochter aber sprang aus dem Bett, nahm ihre Kleider und lief, sie draußen anzuziehen. Sie wollte die Klagen der Mutter nicht hören. Am selben Tag fuhren drei Wagen in den Hof, einer aus Kupfer, einer aus Silber und einer aus Gold. Vor den ersten waren zwei, vor den zweiten vier, vor den dritten gar acht stolze Rosse gespannt. Aus dem kupfernen und dem silbernen Wagen sprangen Edelknaben mit roten Hosen und grünen Kappen und Dolmanen*, aus dem goldenen Wagen aber stieg ein schöner junger Herr in einem Gewand aus purem Gold. Alle gingen geradewegs in die Stube, und der junge Herr bat die Mutter um die Tochter. »Ei, wenn wir nur solches Glückes würdig wären!« sagte die Mutter und wunderte sich. Als aber die Tochter den feinen Herrn erblickte, dachte sie: »Das ist ja derselbe, von dem mir träumte!« Hurtig lief sie in ihre Kammer und band den Strauß.

Als sie ihn dem Bräutigam zum Pfand reichte, bekam sie einen Ring mit Steinlein von ihm, die wie die Sterne am Himmel funkelten, dazu ein goldenes Stirnband und ein goldenes Gewand. Da lief sie hurtig in ihre Kammer, um sich anzukleiden, indes die

*: ungarischer Männerrock

Mutter den Bräutigam voll Sorge fragte: »Und zu was für Brot erbittet Ihr meine Tochter?«

»Bei uns ist das Brot aus Kupfer, aus Silber und aus Gold. Eure Tochter kann wählen, was ihr beliebt«, erwiderte er. Die Mutter wunderte sich über all das sehr, aber die Tochter hatte keine Sorge, fragte nach nichts und war wunderschön in ihrem goldenen Gewand. Der Bräutigam fasste sie bei der Hand, und sie gingen zur Trauung, ohne dass die Tochter zuvor um den Segen der Mutter bat und die Worte sprach, mit denen eine Braut nach altherkömmlichem Brauch von ihrem Mädchenstand Abschied nimmt. Die Mutter stand auf der Schwelle und betete für das Paar, denn ihr war bang ums Herz. Kaum war die Trauung vorüber, setzte sich die Braut mit dem Bräutigam in die goldene Kutsche, das Geleit bestieg den kupfernen und den silbernen Wagen, sie fuhren von dannen, und die Tochter hatte der Mutter nicht Lebewohl gesagt.

Sie fuhren und fuhren und gelangten an einen Felsen, darin war eine Öffnung groß wie ein Stadttor. In dieses Tor lenkten plötzlich die Rosse und waren knapp hindurch, da bebte die Erde, der Felsen stürzte ein, und sie befanden sich in tiefer Dunkelheit. Der Braut wurde ängstlich zumute, aber der Bräutigam sprach: »Fürchte dich nicht und warte: Bald wird es hell und schön!«

Auf einmal kamen von allen Seiten Bergmännchen in roten Hosen und grünen Jacken und Kappen gelaufen, die trugen brennende Fackeln in der Hand. Sie begrüßten ihren Herrn, den Herrscher der Metalle, und leuchteten ihm. Nun erst erkannte die hoffärtige Braut, wem sie gefolgt war und wen sie zum Gatten hatte, doch sie blieb unbesorgt.

Aus dem finsteren Felsen kamen sie in ungeheure Wälder und in Gebirge, die himmelhoch ragten, aber alle die Fichten, Tannen und Buchen, alle die Berge waren aus Blei.

Als sie die öde Landschaft verlassen hatten, bebte die Erde abermals, so dass alles hinter ihnen einstürzte. Sie fuhren nun auf einer schönen Ebene dahin, wo alles prächtig strahlte. Inmitten der Ebene aber stand ein goldenes Schloss, das war ganz mit Perlen und Edelsteinen ausgelegt. Der Herr der Metalle führte seine Braut hinein und sprach: »Dies alles gehört auch dir!«

Mit Verwunderung und Freude beschaute die junge Frau all den Reichtum. Danach war sie müde und hungrig; deshalb sah sie es gern, dass die eifrigen Bergmännchen einen goldenen Tisch deckten. Es wurden Speisen aus Kupfer aufgetragen, Speisen aus Silber und Speisen aus Gold. Jedermann aß, nur die Braut konnte nichts davon genießen und bat den Bräutigam um ein Stückchen Brot. Er befahl den Bergmännchen, einen Laib kupfernes Brot zu bringen. Es lief eins und brachte einen Laib kupfernes Brot, allein, die Braut konnte nicht davon essen. Der Herrscher der Metalle befahl einen Laib silbernes Brot zu bringen. Sie brachten einen Laib silbernes Brot, allein die Braut konnte nicht davon essen. Er befahl einen Laib goldenes Brot zu bringen, allein auch hiervon konnte die Braut nicht essen. Da sprach der Bräutigam: »Gern würde ich dir dienen, doch anderes Brot gibt es bei uns nicht.« Sie sah, dass es übel ihr stehe, und brach in Tränen aus. Allein der Herrscher der Metalle tadelte sie und sprach: »Es hilft nichts, dass du weinst und wehklagst. Du hast gewusst, welch Brot du dir erfreist. Wie du gewählt, so hast du's nun!«

Und so war es und blieb es für sie; was geschehen war, ließ sich nicht ungeschehen machen. Sie musste unter der Erde bleiben und wird dort bis heute von Hunger gequält zur Strafe, weil es sie einzig nach Gold verlangte. Nur an drei Tagen im Jahr ist es ihr gestattet, ans Sonnenlicht hinaufzugehen, dann nämlich, wenn der Herrscher der Metalle die Pforten zu seinen Schätzen öffnet. Das ist an den drei Bitt-Tagen, den drei Tagen vor dem Himmelfahrtsfest: Da lässt er sie auf die Erde, und sie steigt hinauf und bettelt um Brot.

Märchen der Slowaken

Witi

Ein armer Bauer hatte drei Söhne, zwei gescheite und einen dummen. Der Dumme hat Hansl geheißen und ist von seinen Brüdern deshalb immer gehänselt worden.

An einem Sonntag hat der Vater einmal gesagt: »Ihr seid jetzt alt genug. Geht und schaut euch in der Welt ein wenig um! Wer das Gescheiteste heimbringt, der bekommt das Haus.«

»Schon recht«, meinten die beiden Älteren, »aber den Hansl behalt nur daheim!«

»Wer weiß«, sagte der Vater, »der Dumme hat oft Glück!« Da sind alle drei fortgegangen. Am Kreuzweg vor dem Dorf haben sie sich getrennt, und der Hansl ist seines Weges allein weitergewandert. In der Dämmerung gelangt er in einen dichten, tiefen Wald, wo er alle Augenblicke an einen Baum stößt. Darum setzt er sich ins Moos, und in der Finsternis übermannt ihn der Jammer, und er fängt an zu weinen. Wie er so weint, hört er auf einmal so schön singen. Da steht er auf und geht der Stimme zu. Er kommt an ein Wasser und sieht in einem Häusl am Ufer ein Licht brennen, und wie er näher hinzutritt, gewahrt er ein Meerfräulein in dem Häusl. Das Fräulein gibt ihm zwei Fische, die er sich braten soll, und sagt: »Mein lieber Hansl, geh mitten in das Wasser und ruf dreimal ›Witi! Witi! Witi!‹ Du darfst dich aber nicht fürchten, denn es wird ein großer Mann kommen, der hat - als ich ihn zum letzten Mal gesehen - zwei rote Federn auf seinem Hut gehabt. Hat er die beiden Federn noch, so bitte ihn um eine; hat er aber eine rote und eine schwarze Feder, so bitte um die schwarze. Er wird sie dir wohl geben, denn du bist ja am ersten Sonntag nach dem Fest des heiligen Johannes geboren und also ein Neusonntagskind.«

Hansl tat, wie ihm befohlen, und brachte dem Meerfräulein eine rote Feder. Darüber ist das Fräulein voller Freude gewesen und hat dem Hansl zum Lohn einen schönen Wagen geschenkt, der ist von selber gefahren, und wenn man gesagt hat: »Pick an!«, so hat müssen alles an der silbernen Deichsel kleben bleiben.

Danach hat das Meerfräulein zum Hansl gesagt: »Als Neusonntagskind bist du ja ein rechtes Glückskind, das sehen kann, was anderen verborgen bleibt. Wenn du einmal den Himmel anschauen willst, so darfst du nur um Mitternacht dreimal rufen ›Witi! Witi! Witi!‹, dann kommt gleich der wilde Hackeljäger und nimmt dich mit, um dir alles zu zeigen.«

»Schon recht!« sagte der Hansl und setzte sich auf seinen Wagen. Um zwölf Uhr ist er auf dem Kreuzweg, da hört er Pfeifen, Schreien, Bellen und Miauen. Er ruft dreimal »Witi«, und der wilde Hackeljäger kommt auf die Erde geritten. Einen feuerroten Mantel hat er angehabt und hat ein glühendes Messer an der Seite und ein silbernes Beil in der linken Hand getragen. Sein Schimmel ist so weiß gewesen, dass ein ganz heller Schein von ihm ausgegangen ist, und seine beiden Hunde hatten große brennende Augen.

Der Hackeljäger ließ den Hansl hinter sich aufsitzen, und so ritten beide in die Höhe. Da hat der Hansl geschaut! Zuerst sah er den Sunnawendfeuermann, wie er den Regen und den Wind gemacht hat. Nach einer Weile ist's auf einmal ganz hellicht geworden, so dass dem Hansl vor lauter Glitzern und Flimmern die Augen weh taten. Die Engel haben gesungen, und alles ist aus Gold und Silber gewesen. Unser Herrgott hat ein ganz goldenes Gewand angehabt und hatte einen schneeweißen Bart, der ihm bis auf die Mitte reichte. Mein Hansl hat sich ganz verschaut! Er hat alles um sich her vergessen und hat wollen alleweil dort bleiben. Allein der Hackeljäger ist weitergeritten, und Hansl musste mit.

Tief, tief hinunter sind sie geritten und sind da an ein schwarzes Tor gekommen, das ist von selbst aufgegangen. Dahinter war es ganz dunkel. Große Feuer haben gebrannt, und man hat Weinen und Jammern gehört. Da sind Leute gewesen, die mussten am Pflug ziehen, und Teufel mit Ochsenköpfen haben auf sie losgehauen zur Strafe dafür, dass sie ihr Lebtag das Vieh gemartert haben. Andere wurden in einem Kessel gesotten und haben nicht sterben können. Wieder andere sind an einem Tisch gesessen, auf dem lauter gute Sachen lagen, aber wenn sie essen wollten, ist das Essen zu Gold geworden, so dass sie ewig Hunger leiden mussten.

Dann ritten sie wieder auf die Erde, und der Hackeljäger trennte sich von ihm. Hansl suchte seinen Wagen auf und fuhr weiter. Auf einer Brücke traf er eine Öbstlerin, die fing an unbändig zu lachen über das Gefährt, welches ohne Ross war. Das verdross den Hansl, und er rief: »Pick an!« Und richtig, die Öbstlerin ist daran picken geblieben mitsamt ihrer Bude! Genauso geschah es auch zwei Bäckern, die mit ihren Ofenschüsseln aufeinanderschlugen, und ebenso einem Pfannenflicker und einer Pfarrersköchin - alle blieben sie an der Deichselstange hängen.

So kam Hansl in eine mächtig große Stadt. In dieser Stadt lebte ein König mit seiner schönen Tochter, die war alleweil traurig und hat niemals gelacht. Als aber Hansl mit seinem Pickan-Wagen vor das Königsschloss fuhr, hat die Prinzessin so gelacht, dass sie kaum aufhören konnte. Der König hat sie dem Hansl zur Frau gegeben und ihn zu seinem Nachfolger gemacht.

Darauf fuhr König Hansl mit prächtigen Rossen zu seinem Vater. Dieser sprach erfreut zu Hansls Brüdern, die schon lange unverrichteter Sache zu Haus waren: »Seht ihr, ich hab's gleich gesagt, dass der Hansl das Gescheiteste heimbringt!«

Märchen aus Österreich

Das goldene Bein

Es war einmal eine Frau, die war schön wie der Tag. Eines Abends stieg sie ohne Kerze die Treppe in ihrem Haus hinunter und brach sich das Bein. Da ließ ihr Ehemann den Arzt rufen.

»Guten Tag, Doktor!«

»Guten Tag, Monsieur!«

»Doktor, mach das Bein meiner Frau wieder hell! Für deine Mühe sollst du so viel Gold und Silber bekommen, wie du haben willst.«

»Monsieur, weder ich noch irgend jemand sonst kann das Bein deiner Frau heilen. Es muss ab.«

»Gut, Doktor, tu deine Arbeit!«

Der Doktor trennte der Frau das Bein ab, und ihr Mann ging zu einem Goldschmied und bestellte ein neues aus purem Gold.

Das goldene Bein war so kunstvoll gemacht, dass die Frau damit gehen konnte, wohin sie wollte, und weder hinkte noch einen Stock brauchte.

Nach sieben Jahren starb die Frau. Da gebot ihr Mann, sie mitsamt ihrem goldenen Bein zu begraben, und so geschah es auch. In der Nacht nach der Beerdigung schlich sich der Diener aber heimlich aus dem Haus. Er ging auf den Friedhof, grub die Frau aus und nahm ihr das goldene Bein weg. Dann grub er die Frau wieder ein, schlich sich heim und versteckte seinen Raub im Schrank. Kaum hatte er sich schlafen gelegt, hörte man eine Stimme schreien: »Gold, Gold, gebt mir mein Goldbein zurück!«

Am nächsten Morgen, als die Glocken läuteten, kam der Totengräber zu dem Ehemann und sagte: »Guten Tag, Monsieur, ich komme vom Friedhof, wo Eure Frau im Grab rumort und ständig schreit: ›Gold, Gold, gebt mir mein Goldbein zurück!‹ Bitte, Monsieur, schickt jemanden zu ihr und lasst fragen, was sie will!«

Der Ehemann ging selbst zum Friedhof. »Was willst du, mein Schatz?«

»Gold, Gold, gebt mir mein Goldbein zurück!«

»Aber, aber, mein Schatz, du hast keinen Grund zu klagen, denn ich ließ dich mit deinem Goldbein begraben.«

»Gold, Gold, gebt mir mein Goldbein zurück!«

»Sei doch vernünftig, mein Schatz! ... Wenn du sonst nichts zu sagen weißt, dann guten Tag! Ich werde Messen für dich lesen lassen.«

Der Mann ging nach Hause, aber eine Stunde später klopfte der Totengräber wieder bei ihm an und sagte: »Guten Tag, Monsieur, ich komme vom Friedhof, wo Eure Frau im Grab rumort und ständig schreit: ›Gold, Gold, gebt mir mein Goldbein zurück!‹ Bitte, Monsieur, schickt jemanden zu ihr und lasst fragen, was sie will!«

Der Mann schickte die Dienerin. »Was wollt ihr, Madame?«

»Gold, Gold, gebt mir mein Goldbein zurück!«

»Madame, Ihr habt keinen Grund zu klagen. Man hat Euch doch mit Eurem Goldbein begraben.«

»Gold, Gold, gebt mir mein Goldbein zurück!«

»Seid doch vernünftig, Madame! ... Wenn Ihr sonst nichts zu sagen wisst, dann guten Tag! Der Herr wird Messen für Euch lesen lassen.«

Die Dienerin ging nach Hause, aber eine Stunde später erschien der Totengräber wieder bei dem Mann und sagte: »Guten Tag, Monsieur, ich komme vom Friedhof, wo Eure Frau im Grab rumort und ständig schreit: ›Gold, Gold, gebt mir mein Goldbein zurück!‹ Bitte, Monsieur, schickt jemanden zu ihr und lasst fragen, was sie will!«

Der Mann wollte den Diener zum Grab schicken. »Monsieur, ich trau' mich nicht.« »Los, geh, du Hasenfuß!« »Monsieur, ich trau' mich nicht.« » Geh, sag' ich dir, oder ich schieß' dich tot!« So musste der Diener denn zum Friedhof gehen. »Was wollt Ihr, Madame?« »Ich will dich!« Die Frau fuhr aus dem Grab und packte den Diener, verschwand mit ihm unter die Erde und fraß ihn auf.

Märchen aus Frankreich

Von der Schlange, die Gold spendete

Ein Bauer brachte die Milch, die er jeden Tag von seiner Kuh molk, stets zu einem Felsen und stellte sie davor nieder. Dann versteckte er sich in der Nähe und wartete. Nicht lange, so schlüpfte aus einer Spalte des Felsens eine Schlange, die ein Goldstück im Mund hatte. Sie trank die Milch, legte das Goldstück in die Schüssel und verschwand. Je mehr Tage vergingen, umso mehr Goldstücke konnte der Bauer in seine Truhe legen, und bald war er ein reicher Mann.

Eines Tages fasste er den Entschluss, auf Pilgerfahrt zu gehen. Wer aber würde, wenn er fort war, für die Schlange sorgen? Wer würde ihr die Milch bringen und die Goldstücke einsammeln? Der Bauer wusste lange nicht, was er tun sollte; er wollte weder darauf verzichten, auf Pilgerfahrt zu gehen, noch wollte er die Schlange und das Gold im Stich lassen. Am Ende beschloss er, seinem Sohn die Sorge für die Schlange zu übertragen, und rief ihn am Vorabend seiner Abreise zu sich. »Mein Sohn«, sprach er, »ich will dir etwas erzählen und dir einen Auftrag geben, wovon du aber zu niemand sprechen darfst. In einer Höhle im Berg gibt es eine Schlange. Jeden Morgen bringe ich ihr eine Schüssel mit Milch, und dafür gibt sie mir ein Goldstück. Auf diese Weise bin ich reich geworden und kann nun endlich auf Pilgerfahrt gehen. Während ich fort bin, sollst du für die Schlange sorgen. Geh und bring ihr die Milch, dann warte. Sie wird kommen, die Milch trinken und jedes Mal ein Goldstück zurücklassen. Nimm die Goldstücke und hebe sie für mich auf, bis ich wiederkomme, aber gib gut acht, dass niemand davon erfährt!«

Nachdem der Bauer seinem Sohn diese Anweisungen gegeben hatte, brach er zu seiner Pilgerfahrt auf, und der Sohn nahm von nun an seine Stelle ein und machte alles genau so, wie der Vater es ihm auf getragen hatte. Jeden Tag trug er die Milch zu dem Felsen und brachte dafür ein Goldstück heim. Eines Tages dachte er bei sich: »Wenn die Schlange jeden Tag mit einem Goldstück aus ihrem Loch kommt, so hat sie sicher einen großen Schatz in ihrem Nest. Anstatt ihr jeden Tag Milch zu bringen und sich mit einem Goldstück zu begnügen, wäre es klüger, sie zu töten, ihr Nest zu suchen und den Schatz auszugraben. So bekäme man alles Gold auf einmal!« Solche Gedanken gingen ihm immer wieder durch den Kopf, und am Ende beschloss er, die Schlange zu töten, um mit einem Schlag reich zu werden.

Als er am nächsten Tag wieder zu der Schlange ging, nahm er seine Axt mit. Er stellte die Milch an den gewohnten Platz und legte sich in einem Gebüsch in der Nähe auf die Lauer. Wie jeden Tag erschien die Schlange bald darauf und brachte ein Goldstück mit. Als sie aber zu trinken begann, kam der Sohn aus seinem Versteck hervor. Er hob die Axt, schlug zu und hieb der Schlange den Schwanz ab. Die Schlange aber fuhr herum und biss den Sohn, so dass er starb.

Bald darauf kehrte der Vater von seiner Pilgerfahrt zurück. Er war müde und erschöpft und hatte unterwegs alles, was er besaß, ausgegeben; nicht eine einzige Lira war ihm geblieben. Als er erfuhr, dass eine Schlange seinen Sohn gebissen und getötet habe, verstand er augenblicklich, was sich zugetragen hatte, und war sehr betrübt. In seinem Kummer vergaß er beinahe, dass er nun, nach seiner Pilgerfahrt, ein Mekka-Pilger, ein Hadschi war, und empfing seine Freunde nicht mit frohem Gesicht. Er überlegte, ob er die Schlange wohl mit süßen Worten aus ihrer Höhle hervorlocken könne, und ging eines Morgens wie früher zu dem Felsen. Er stellte ihr die Milch hin und wartete. Eine Stunde verging und eine zweite; Schwärme von Fliegen schwirrten herbei und machten sich über die Milch her, aber die Schlange zeigte sich nicht. Da begann der Hadschi die Schlange zu rufen: »Komm, meine Starke, meine Schöne, meine Vornehme, komm!« Doch so laut er auch rief, die Schlange gab keine Antwort und ließ sich nicht blicken. Als er schließlich in sein Dorf zurückkehren wollte, drang auf einmal ein Zischen an sein Ohr. Er wandte sich um, da sah er die Schlange. Sie rief:

»Er ging auf Pilgerfahrt und kam als Hadschi heim, mein Schmerz wird nie vergangen sein.«

Und sie fuhr fort: »Solange dich der Verlust deines Sohnes schmerzt und mich der Verlust meines Schwanzes, werden wir uns nicht aussöhnen, ja, einander nicht einmal anblicken können! Geh deiner Wege und kehre niemals hierher zurück!«

Märchen aus der Türkei

Simeliberg

Es waren zwei Brüder, einer war reich, der andere arm. Der Reiche aber gab dem Armen nichts, und der musste sich vom Kornhandel kümmerlich ernähren. Da ging es ihm oft so schlecht, dass er für seine Frau und Kinder kein Brot hatte.

Einmal fuhr er mit seinem Karren durch den Wald, da sah er zur Seite einen großen, kahlen Berg, und weil er den noch nie gesehen hatte, verwunderte er sich, hielt still und betrachtete ihn. Wie er so stand, kamen zwölf wilde, große Männer. Weil er nun glaubte, das seien Räuber, schob er seinen Karren ins Gebüsch und stieg auf einen Baum und wartete, was da geschehen würde.

Die zwölf Männer gingen aber vor den Berg und riefen: »Berg *Semsi!* Berg *Semsi!* Tu dich auf!« Alsbald tat sich der kahle Berg in der Mitte voneinander, und die Zwölfe gingen hinein, und wie sie darin waren, Schloss er sich zu. Über eine kleine Welle aber tat er sich wieder auf, und die Männer kamen mit schweren Säcken auf dem Rücken heraus, und wie sie alle wieder am Tageslicht waren, sprachen sie: »Berg *Semsi!* Berg *Semsi*! Tu dich zu!« Da fuhr der Berg zusammen und war kein Eingang mehr an ihm zu sehen, und die Zwölfe gingen fort.

Als sie ihm nun ganz aus den Augen waren, stieg der Arme vom Baum herunter und war neugierig, was wohl im Berg Heimliches verborgen wäre. Also ging er davor und sprach: »Berg *Semsi!* Berg *Semsi!* Tu dich auf!«, und der Berg tat sich auch vor ihm auf. Da trat er hinein, und der ganze Berg war eine Höhle voll Silber und Gold, und hinten lagen große Haufen Perlen und leuchtende Edelsteine wie Korn aufgeschüttet. Der Arme wusste gar nicht, was er anfangen sollte und ob er sich etwas von den Schätzen nehmen dürfte. Endlich füllte er sich die Taschen mit Gold; die Perlen und

Edelsteine aber ließ er liegen. Als er wieder herauskam, sprach er gleichfalls: »Berg *Semsi!* Berg *Semsi!* Tu dich zu!« Da schloss sich der Berg, und er fuhr nun mit seinem Karren nach Haus.

Nun brauchte er sich nicht mehr zu sorgen und konnte mit seinem Gold für Frau und Kind Brot und auch Wein dazu kaufen, lebte fröhlich und redlich, gab den Armen und tat jedermann Gutes. Als aber das Gold all' war, ging er zu seinem Bruder, lieh einen Scheffel und holte sich von neuem, doch rührte er von den großen Schätzen nichts an.

Wie er sich zum dritten Mal etwas holen wollte, borgte er bei seinem Bruder wieder den Scheffel. Der Reiche war aber schon lange neidisch über sein Vermögen und den schönen Haushalt, den er sich eingerichtet hatte, und konnte nicht begreifen, woher der Reichtum kam und was sein Bruder mit dem Scheffel anfing. Da dachte er eine List aus und bestrich den Boden mit Pech, und wie er das Maß wiederbekam, so war ein Goldstück darin hängen geblieben. Alsbald ging er zu seinem Bruder und fragte ihn: »Was hast du mit dem Scheffel gemessen?«

»Korn und Gerste«, sagte der andere.

Da zeigte er ihm das Goldstück und drohte ihm, wenn er nicht die Wahrheit sagte, so wollte er ihn beim Gericht verklagen.

Der andere erzählte ihm nun alles, wie es zugegangen war. Der Reiche aber ließ gleich einen Wagen anspannen, fuhr hinaus und dachte ganz andere Schätze mitzubringen.

Wie er vor den Berg kam, rief er: »Berg *Semsi!* Berg *Semsi!* Tu dich auf!« Der Berg tat sich auf, und er ging hinein.

Da lagen die Reichtümer alle vor ihm, und er wusste lange nicht, wozu er am ersten greifen sollte. Endlich lud er Edelsteine auf, soviel er tragen konnte, und wollte sie hinausbringen. Er kehrte also um. Weil aber Herz und Sinn ganz voll von den Schätzen waren, hatte er darüber den Namen des Bergs vergessen und rief: »Berg *Semeli!* Berg *Semeli!* Tu dich auf!« Aber das war der rechte

Name nicht, und der Berg regte sich nicht und blieb verschlossen. Da bekam er Angst, aber je länger er nachsann, desto mehr verwirrten sich seine Gedanken und halfen ihm alle Schätze nichts mehr. Am Abend tat sich der Berg auf, und die zwölf Räuber kamen herein, und als sie ihn sahen, waren sie froh und riefen: »Vogel, haben wir dich endlich! Meinst du, wir hätten's nicht gemerkt, dass du zweimal hereingekommen bist? Aber wir konnten dich nicht fangen! Zum dritten Mal sollst du nicht wieder heraus!«

Da rief er: »Ich war's nicht, mein Bruder war's!«

Aber er mochte bitten um sein Leben und sagen, was er wollte, sie schlugen ihm das Haupt ab.

Märchen der Brüder Grimm

Die Goldschale

Es war einmal ein Fischer, der zog eines Tages in der Stadt herum und bot seine Fische feil. Da kam ein Edelsteinhändler zu ihm und fragte: »Was verlangst du für deine Fische?«

»So viel, wie sie wert sind!« antwortete der Fischer lachend. »Hundert Piaster?« fragte der Händler, aber der Fischer antwortete abermals: »So viel, wie sie wert sind!« Darauf bot ihm der Händler zweihundert Piaster, und nun bedachte sich der Fischer nicht länger, sondern nahm das Geld und gab dem Mann die Fische. Bevor sie aber auseinandergingen, sagte der Händler: »Wenn du wieder Fische gefangen hast, so bringe sie mir!« Am andern Tag brachte der Fischer ihm seinen ganzen Fang, und wieder fragte der Händler: »Was verlangst du für deine Fische?« Und wie am Vortag war die Antwort: »So viel, wie sie wert sind!« Da bot der Händler dem Fischer zuerst hundert, dann zweihundert, dann fünfhundert, dann tausend Piaster, aber erst bei fünftausend schlug der Fischer ein. Als der Händler ihm das Geld ausgezahlt hatte, sprach er: »Wenn du wieder Fische hast, so bringe sie mir!« Er bezahlte die Fische aber so teuer, weil er wusste, dass Diamanten darin waren.

Am andern Tag fing der Fischer eine schöne Palamide und dachte bei sich: »Die will ich nicht verkaufen! An der will ich mich selber gütlich tun!« Als er den Fisch ausnahm, fand er in dessen Bauch eine Goldschale. Er lud seine Freunde ein und verzehrte mit ihnen den Fisch. Dabei tranken sie ihren Wein anfangs aus Gläsern, nachdem sie aber abgegessen hatten, holte der Fischer die Goldschale, goss Wein hinein und trank ihn aus. Da füllte sich die Schale von selbst mit Goldstücken. Der Fischer leerte das Gold vor sich auf den Boden und gab nun den anderen aus der Schale zu trinken, und sobald einer sie leerte, füllte sie sich wieder mit Gold.

Jetzt war der Fischer ein reicher Mann, und weil er die Musik sehr liebte, lernte er die Zither spielen und spielte bald so schön, dass jeder, der ihn hörte, davon ergriffen wurde. Dann kaufte er mit seinem Gold eine große Menge Waren, zog in ein anderes Königreich und eröffnete dort einen Laden gegenüber dem Königsschloss. Der König hatte aber eine wunderschöne Tochter, und als er einmal in einem seiner Gärten vor der Stadt ein großes Fest ausrichtete, blieb die Prinzessin im Schloss allein. Da nahm der Fischer seine Zither, seine Goldschale und eine Flasche Wein, setzte sich unter ihr Fenster und fing an zu spielen. Die Prinzessin hörte es und wurde neugierig. Sie trat ans Fenster und erblickte einen hübschen jungen Mann, der die Zither spielte und ihr überaus gefiel. Wenn er Wein aus einer Schale getrunken hatte, so kehrte er diese um und schüttete eine Menge Goldstücke auf die Erde. Nun wurde sie erst recht neugierig, ging zu ihm hinunter und fragte ihn, ob er ihr die Schale schenke. Da erwiderte er: »Du sollst sie haben, wenn ich heute Nacht in deinen Armen schlafen darf.« Die Prinzessin willigte ein. Sie schenkte ihm die Nacht, und er blieb bis zum Morgen bei ihr. Als er fortging, gab er ihr die Schale und sprach: »Wenn du schwanger bist und dein Vater dich verstößt, so komme zu mir; dann wollen wir zusammen in ein anderes Land fliehen.«

Einige Zeit verging, da spürte die Prinzessin, dass sie schwanger war. Als ihr Vater es merkte und sie fortjagte, ging sie gleich zu dem Fischer, und er zog mit ihr in ein anderes Land. Dort ließ die Prinzessin ein schönes Schloss bauen und gebar einen Knaben. Sie blieben fünf Jahre lang in der Fremde, endlich aber sehnte sich die Prinzessin so sehr nach ihrem Vater, dass sie mit ihrem Mann aufbrach, um zu sehen, wie es dem König gehe. Sie gingen aber nicht gleich zum Königspalast, sondern richteten sich in einem

Haus in der Nähe mit großer Pracht ein, und damit die Prinzessin nicht erkannt würde, legte sie Mannskleider an. Der König hörte bald von den reichen Fremden und lud sie zum Gastmahl ein. Als sie abgegessen hatten, tranken sie den Wein zuerst aus Gläsern; dann aber holte der Fischer die goldene Schale hervor, trank sie leer und schüttete die Goldstücke vor sich aus. Darauf reichte er sie seinem Nachbarn, und als der getrunken hatte und die Schale umkehrte, fiel auch vor ihm ein Haufen Goldes nieder, und so ging es der Reihe nach bei allen Gästen, die am Tisch saßen. Nachdem die Schale fünfmal die Runde gemacht hatte, lagen vor jedem Gast fünf Haufen Goldes. Als endlich die Tafel aufgehoben wurde und die Gäste sich verabschiedet hatten, da wollte dem alten König die Goldschale gar nicht aus dem Sinn kommen, und er dachte bei sich: »Wenn ich die Schale hätte, wozu brauchte ich dann noch das Königreich?«

Der Wunsch, die Goldschale zu besitzen, bereitete dem König große Qual, und so ging er zu seiner Tochter, die er nicht erkannte, und bat sie, ihm die Zauberschale zu überlassen. Da erwiderte sie: »Ich will sie dir schenken, wenn du mir zu Willen bist.« Der König war einverstanden, und sie gingen zusammen in eine Kammer. Da gab die Prinzessin sich zu erkennen und sprach: »Schämst du dich nicht, dein Alter und deinen Stand für schnödes Gold zu vergessen und dich so zu erniedrigen, während du mich, deine Tochter, verstießest, weil ich meinem Herzen gefolgt bin?« Der König aber freute sich über die Maßen, dass die Goldschale nun sein wurde, und machte seine Tochter zur Königin und ihren Gemahl zum König.

Märchen aus Griechenland

Der gute Rat

Es lebte einmal ein Bauer, der war reich und hatte viele Kinder. Als seine Kinder selbst Kinder hatten, gab er jedem einen Bauernhof mit allem, was dazugehört. Als der Bauer alt geworden und ihm die Frau gestorben war, teilte er alles, was er besaß, unter seinen Kindern auf und lebte im Wechsel eine Welle bei jedem. Weil seine Söhne und Töchter aber undankbar waren, wurden sie es bald leid, den alten Vater bei sich aufzunehmen, und versuchten, ihn schnell wieder loszuwerden.

Einmal saß er traurig am Wegrand und weinte über die Hartherzigkeit seiner Kinder. Da fand ihn ein alter Freund und nahm ihn mit zu sich nach Hause, als er den Grund für seinen Kummer erfuhr. Dort gab er ihm einen Krug voll Gold und dazu einen guten Rat, den der Bauer sich zu Herzen nahm. Einmal, als seine undankbaren Söhne und Töchter alle in der Kirche waren, ging er zu dem kleinen Hügel, wo seine Enkel gerade spielten. Er tat so, als ob er sich vor ihnen verstecken wollte, setzte sich hinter dem Hügel ins Gras und breitete das Gold auf einem großen flachen Stein aus. Dabei murmelte er: »Ihr seid ja ganz bleich, ihr seid ja ganz blass, meine Goldvögelchen! Die Sonne wird euch guttun.« Die Enkelkinder waren neugierig geworden und ihm nachgeschlichen. Als sie alles gesehen und gehört hatten, was sie sehen und hören wollten, liefen sie zu ihm und riefen: »Großvater, Großvater, was hast du da?« Er gab keine Antwort und ließ schnell alles Gold in einem Beutel verschwinden. Dann ging er zu seinem alten Freund nach Hause und gab ihm das Gold zurück.

Die Kinder erzählten den Eltern, was sie beobachtet hatten, und von diesem Tag an waren alle freundlich zu ihrem alten Großvater und konnten ihm gar nicht genug Gutes tun.

Der alte Bauer folgte weiter dem Rat seines klugen Freundes und ließ sich eine kleinc schwarze Truhe machen, die er überallhin mitnahm. Wenn einer wissen wollte, was denn in der geheimnisvollen Truhe sei, so antwortete er: »Das wird man erfahren, wenn sie aufgemacht wird.«

Als er starb, wurde er feierlich begraben. Dann öffneten die Erben erwartungsvoll die Truhe. Und was fanden sie darin? Nichts als Topfscherben und Schieferbruch – und einen Hammer aus Holz, worauf geschrieben stand:

»Wer gibt seinen Kindern Brot und leidet darauf selber Not, den schlage man mit diesem Hammer tot.«

Märchen aus Schottland

Das Lämmchen mit dem goldenen Fell

Es war einmal ein armer Mann, der hatte einen Sohn, und als der Sohn größer wurde, schickte der Vater ihn auf Arbeitssuche. Der Sohn wanderte herum und fand endlich einen Bauern, der ihn als Schäfer in Dienst nehmen wollte. Anderntags gab ihm sein Herr eine Flöte und schickte ihn mit den Schafen auf die Weide, um zu sehen, ob er für die Arbeit tauge. Ein Faulpelz war der Junge nicht: Er blieb den ganzen Tag auf den Beinen, trieb seine Schafe hierhin und dorthin und spielte dabei auf der Flöte. Unter den Schafen war ein kleines Lamm mit goldenem Fell, das immer zu tanzen begann, wenn es die Flöte hörte. Dem Jungen gefiel das Lämmchen über die Maßen, und er beschloss, es von seinem Herrn als Lohn zu erbitten. Am Abend trieb er die Herde heim. Sein Herr stand am Tor und wartete auf ihn. Als er sah, dass die Schafe sich satt gefressen hatten und keines fehlte, war er mit seinem neuen Hirten zufrieden und verhandelte mit ihm über die Bezahlung. Da sagte der Junge, dass er keinen anderen Lohn haben wolle als das goldene Lämmchen. Dem Bauern gefiel das Lämmchen aber auch sehr, und so versprach er es dem Jungen nur ungern. Das änderte sich aber bald, als er sah, wie gut der junge seine Arbeit tat.

Wie das Jahr herum war, erhielt der Junge das Lämmchen als Lohn für seinen Dienst und machte sich mit ihm auf den Heimweg. Es wurde dunkel, und sie kamen an ein Dorf. Da ging der Junge zu einem Bauernhaus und bat um ein Nachtquartier. In dem Haus hatten sie aber eine Tochter, als die das Lämmchen mit dem goldenen Fell sah, beschloss sie, es zu stehlen. Gegen Mitternacht stand sie heimlich auf und schlich sich zu ihm. Sie packte es am Hals, und hast du nicht gesehen, klebte sie an seiner Wolle fest und kam nicht wieder los ..., und so fand der Junge sie am Morgen. Und weil es ihm nicht gelang, Mädchen und Lämmchen voneinander zu trennen, nahm er beide mit. Als sie durch drei Türen hindurch endlich aus dem Haus waren, holte er seine Flöte hervor und fing an zu spielen. Da begann das Lämmchen zu tanzen, und auf dem Lämmchen tanzte das Mädchen. In der Nähe war eine Frau, die gerade Brot in den Backofen schob. Sie blickte auf und sah das strampelnde Mädchen auf dem tanzenden Lämmchen. Da ging sie mit dem Brotschieber auf das arme Ding los und schrie: »Ja, bist du denn närrisch geworden! Mach, dass du nach Haus kommst!« Als das Mädchen aber nicht aufhörte, schrie sie: »Was, du willst nicht gehorchen?«, und gab ihm mit dem Brotschieber einen Schlag auf den Rücken. Da blieb der Brotschieber an dem Mädchen kleben und die Frau an dem Brotschieber, und das Lämmchen lief weiter mit allen dreien. Bald waren sie an der Kirche, und der Junge fing wieder an zu spielen. Da tanzte das Lämmchen – und auf dem Lämmchen das Mädchen und auf dem Mädchen der Brotschieber und an dem Brotschieber die Frau.

Just in diesem Augenblick kam der Pfarrer von der Frühmesse, und als er sah, was da vor sich ging, begann er zu schimpfen, dass sie sich nicht so schamlos aufführen und nach Haus gehen sollten. Als seine Worte nichts nützten, versetzte er der Frau einen derben Schlag mit dem Stock, da blieb der Stock, o Schreck, an der Frau kleben und er selbst an dem Stock! Mit dieser bunten Gesellschaft zog der Junge weiter und kam am Abend, als es dunkel wurde, in die Hauptstadt, wo auch der König wohnte. Am Stadtrand nahm er Quartier bei einer alten Frau und fragte: »Was gibt es Neues bei Euch?« Die Frau erzählte, dass sie großen Kummer hätten, denn die Königstochter sei schwer krank und kein Arzt könne sie heilen. Zwar würde sie in einem einzigen Augenblick gesund, wenn jemand sie zum Lachen brächte, aber das sei bisher noch keinem gelungen. Gerade heute habe der König verkündet, dass er denjenigen, der seine Tochter zum Lachen bringe, zu seinem königlichen Schwiegersohn machen und ihn an der königlichen Herrschaft beteiligen wolle.

Der Junge mit dem Lämmchen konnte kaum erwarten, dass es Tag würde – so ungeduldig war er, sein Glück zu versuchen. Am Morgen meldete er sich beim König. Er erklärte ihm, warum er gekommen war, und wurde freundlich willkommen geheißen. Die Königstochter saß mit im Thronsaal, und der Junge begann auf seiner Flöte zu spielen. Da tanzte das Lämmchen – und auf dem Lämmchen das Mädchen und auf dem Mädchen der Brotschieber und an dem Brotschieber die Frau und auf der Frau der Stock und an dem Stock der Pfarrer. Als die Prinzessin das sah, lachte sie überlaut. Darüber wurde das Lämmchen so vergnügt, dass es lauter Freudensprünge machte und die ganze Gesellschaft abschüttelte. Da freuten sich auch das Mädchen und die Frau und der Pfarrer und tanzten, jeder für sich, fröhlich weiter.

Der König gab dem Schäferjungen nun seine Tochter zur Frau, wie er es versprochen hatte. Der Pfarrer wurde Hofkaplan, die Frau Hofbäckerin und das Mädchen Kammerzofe der Prinzessin. Die Hochzeit dauerte vom Montag bis zum nächsten Dienstag, und im ganzen Land herrschte große Freude ... Und wenn die Saiten der Geige nicht gerissen wären, so würden sie immer noch tanzen!

Märchen aus Ungarn

Der lustige Ferdinand oder der Goldhirsch

Es war einmal ein Soldat, der war immer lustig und guter Dinge, obwohl er nur wenig zu beißen hatte, denn die Groschen und Kreuzer wollten nie lange in seiner Tasche bleiben, so dass oft Schmalhans bei ihm Koch war. Er ließ sich das aber nicht verdrießen und blieb immer der lustige Ferdinand - so nannten ihn nämlich seine Kameraden.

Als der lustige Ferdinand nun eines Tages vor der Tür des Königs die Wache hatte und sich das schöne Schloss mit all seinen Kostbarkeiten so recht betrachtete und all die vornehmen Herren sah, die da ein und aus gingen und dem König zu Diensten waren, da dachte er: »So ein König hat es doch gut! Der hat Geld genug, und für Geld kann man alles haben in der Welt. Hätt' ich nur Geld, ich wüsste wohl, was ich täte!«

Wie dem lustigen Ferdinand diese Gedanken so im Kopf herumgingen und er niemand hatte, dem er sie hätte mitteilen können, nahm er ein Stück Kreide und schrieb an die Tür, die zum Zimmer des Königs führte:

»Das Geld bezwingt die ganze Welt.«

Als der König später ausging und die Worte las, ordnete er eine strenge Untersuchung an, um den Schreiber zu ermitteln. Der lustige Ferdinand gestand sogleich ein, dass er es sei, worauf der König ihn zu sich befahl und ihn darüber zur Rede stellte. Da er ein guter und gnädiger Herr war, verzieh er seinem Soldaten aber leicht, als dieser sagte, er habe die Worte nur hingeschrieben, weil er doch auf dem Posten mit niemand reden dürfe und die Gedanken anders nicht habe loswerden können. Dann aber wollte der König dem Ferdinand unbedingt beweisen, dass jene Gedanken unrichtig seien. Allein der lustige Ferdinand wusste den König immer zu widerlegen und sagte endlich sogar: »Herr König, wenn ich nur Geld genug hätte, so wollte ich alles erreichen, es möchte sein, was es wollte; ja, ich glaube fest, ich wollte sogar Eure Tochter zur Frau kriegen und selbst noch ein König werden!«

Diese Rede von einem gemeinen Soldaten verdross zwar den König ein wenig, doch ließ er sich's nicht merken und sagte vielmehr: »Um dich zu widerlegen, will ich eine Wette mit dir eingehen. Du sollst ein ganzes Jahr lang so viel Geld haben, wie du verlangst. Kannst du während dieser Zeit die Liebe meiner Tochter gewinnen, so ist es gut, und du sollst sie haben. Will sie dich dann aber nicht, so kostet es dich den Kopf. Jetzt besinn dich wohl!«

Der lustige Ferdinand besann sich aber nicht lange und sagte sogleich, er wolle die Wette wohl eingehen, erhielt dann vom König den Schlüssel zur Schatzkammer und nahm sich fürs erste so viel Geld, wie er nur heimtragen konnte. Dann ließ er sich Essen und Trinken gut schmecken, lud seine Kameraden zu sich ein und fuhr spazieren. Er ging auf Reisen und genoss für sein Geld alles, was das Herz begehrte, tat vielerlei Dinge – nur eines tat er nicht: sich um die schöne Prinzessin bekümmern.

Die war indes nicht so vergnügt wie der lustige Ferdinand! Um sie nämlich vor allen Nachstellungen und Bewerbungen zu schützen, hatte der König sie auf eine kleine Insel bringen lassen, die in der Nähe des Schlosses lag, und streng verboten, dass je ein Mannsbild sie besuchen dürfe. Da lebte sie nun wie in einem Gefängnis und langweilte sich sehr.

Als der lustige Ferdinand eines Tages wieder in die Schatzkammer kam, um seine leeren Taschen mit Gold zu füllen, fragte der König ihn, wie es denn so gehe. Zugleich mahnte er seinen munteren Soldaten, dass er nur noch ein halbes Jahr übrig habe, um das Herz seiner Tochter zu gewinnen, und dass es ihn unfehlbar das Leben kosten werde, falls es ihm nicht gelinge.

Ferdinand blieb guten Mutes, dachte aber: »Es ist wahr! Du musst dich jetzt wohl nach der Prinzessin umsehen!« Er ging zu einem Goldschmied, der war so geschickt wie kein anderer Meister in der ganzen Welt, und bestellte bei ihm einen goldenen Hirsch, ganz so groß wie ein rechter Hirsch, mit prächtigem, zackigem Geweih. Im Innern aber sollte der Hirsch hohl sein, so dass ein ausgewachsener Mann sich darin verbergen könne. Das Gold dazu holte Ferdinand aus der Schatzkammer des Königs, und da dauerte es nicht lange, da war der Hirsch fertig und war so überaus schön geworden, dass man sich gar nichts Herrlicheres vorstellen konnte.

Durch eine kunstvoll eingefügte geheime Tür, die nur fand, wer davon wusste, kroch der lustige Ferdinand in den Bauch des Hirsches und nahm zugleich seine Zither mit, die er ganz ordentlich zu spielen verstand. Dem Goldschmied hatte er alles entdeckt und ihn für viel Geld dazu bewogen, dass er den Goldhirsch aufs Schloss brachte und ihn dem König vorstellte.

Der König konnte sich gar nicht genug darüber verwundern! Als nun aber der Goldschmied ein bestimmtes Zeichen gab und im Bauch des Hirsches gar eine Zither zu spielen anhub, da wusste der König vor lauter Entzücken gar nicht mehr, was er sagen sollte. Auch die Königin war ganz außer sich vor Freude und bat den König, er solle den Hirsch doch kaufen und seiner Tochter auf die Insel schicken , auf dass sie sich damit unterhalte. Der König sagte: »Ja, das will ich gern tun!« Er kaufte den Goldhirsch und ließ ihn sogleich seiner Tochter bringen. Die freute sich nicht wenig darüber und ließ den Hirsch beständig die Zither schlagen und konnte sich gar nicht satt hören an dem Spiel, bis sie endlich müde wurde und einschlief.

Da machte der lustige Ferdinand leise die Tür auf, schlüpfte aus seinem Versteck und besah sich die Prinzessin, die in ihrem Bett lag und ruhig schlief. Sie war aber so wunderschön, dass er seine Augen nicht von ihr wegwenden mochte und es endlich nicht lassen konnte, ihr einen recht langen und herzhaften Kuss auf die Lippen zu drücken, also dass die Prinzessin davon erwachte und schier erschrak, als sie einen fremden Mann vor ihrem Bett stehen sah. Ferdinand aber sagte ihr sogleich, wer er sei, und bat sie so dringend und rührend, sie möge ihn doch nicht verraten, er wolle ihr auch alle Tage etwas vorspielen, solange sie's nur hören möge, dass die Prinzessin es endlich ihm versprach, wenn er hübsch still in seinem Versteck bleiben wollte. Ja, das wolle er herzlich gern, sagte er, und verkroch sich alsbald wieder in den Bauch des Hirsches.

Am andern Morgen konnte die Prinzessin es gar nicht erwarten, bis sie den Hirsch wieder spielen hörte. Auch der König kam, um zuzuhören, und freute sich ganz besonders, weil seine Tochter so vergnügt war; ja, sie meinte, dass sie jetzt gewiss keine Langeweile mehr auf der Insel haben werde.

Als die Prinzessin am Abend wieder ganz allein war und zu Nacht aß, da machte der lustige Ferdinand die Tür auf und rief leise: »Prinzessin, ach, liebe Prinzessin, darf ich nicht ein wenig herauskommen? Ich habe so arg Hunger! Seit gestern habe ich nichts mehr gegessen und heut so viel spielen müssen!«

Ja, da erlaubte es ihm die Prinzessin, dass er heraussteigen und mit ihr essen durfte. Und wie sie ihn nun recht betrachtete und sich mit ihm unterhielt, da gefiel er ihr recht gut und immer besser, also dass sie es gern geschehen ließ, als er zu guter Letzt sie in den Arm nahm und recht tüchtig abküsste. Und wie sie nun zu Bett ging und der lustige Ferdinand ihr klagte, wie ihm der Rücken gar so weh tue, weil er doch in dem Hirschbauch immer krumm liegen müsse, und wie ganz erbärmlich er in der letzten Nacht habe frieren müssen, da ließ die Prinzessin ihn mit unter ihre Bettdecke schlüpfen, und beide hatten sich dann recht herzlich lieb und versprachen einer dem andern, dass sie nicht voneinander lassen, sondern immer so beisammen bleiben wollten.

So ging das nun vier oder fünf Monate lang fort, und die beiden waren überaus glücklich. Den lustigen Ferdinand sah man nirgends, und der König meinte, er werde wohl wieder auf Reisen sein, und war ganz sicher, seine Wette zu gewinnen.

Da wurde plötzlich die Prinzessin bleich und krank, so dass der König ihr seinen Leibarzt schickte, der sie untersuchen und ihr etwas verordnen sollte. Der Doktor aber schüttelte den Kopf, ging zum König und sprach: »Der Prinzessin kann ich nicht helfen; die wird in einigen Monaten, wenn sie ihr kleines Kind bekommen hat, schon von selbst wieder wohl werden.«

Darüber wurde der König so ungehalten und aufgebracht, dass er den Arzt ins Gefängnis werfen ließ. Dann schickte er einen anderen Doktor zu der Prinzessin, der sagte aber das gleiche wie der erste und wurde dafür ebenfalls eingesperrt, und ebenso ging es noch einigen andern, bis der König endlich selbst zu seiner Tochter ging und sie fragte. Da musste er von ihr hören, dass es mit dem Kindchen schon seine Richtigkeit habe. Und als der König wissen wollte, wie das denn möglich sei, da doch niemals ein Mann zu ihr gedurft habe, antwortete sie, er habe ihr doch selbst einen geschickt. Und als der König sich darauf erkundigte, wer um alles in der Welt das denn sei, sagte sie: »Der lustige Ferdinand, den du mir ja selbst in dem goldenen Hirsch geschenkt hast!« Und sie öffnete die geheime Tür und ließ den Ferdinand aussteigen. Da ärgerte sich der König zwar, konnte aber doch sein Wort nicht brechen, weil die Prinzessin erklärte, dass sie nie einen andern lieben und heiraten wolle.

So hat der lustige Ferdinand, noch ehe das Jahr herum war, seine Wette gewonnen, hat die Prinzessin behalten und ist nach dem Tode ihres Vaters auch noch König geworden!

Märchen aus Deutschland

Wer das Geld erdacht hat

Es war einmal ein Mann, der war so geizig, dass er anderen Menschen nicht einmal einen Schluck Wasser geben wollte. Er hatte an allem Überfluss. Seine Ställe waren voll Vieh, er aber fürchtete stets, dass ihm ein räudiges Kälbchen verenden könnte. Seine Scheunen barsten vor Getreide, aber das war ihm noch nicht genug. Wie ein Rabe saß er über jedem Körnchen und ließ niemanden auch nur daran riechen. Sein Getreide verfaulte in den Speichern, er aber war neidisch, wenn er bei anderen Leuten nur einen schlecht gepflügten Acker sah. Vor Habgier vertrocknete er wie ein Stock, aber nichts erfreute ihn. Er aß nur noch einmal am Tage, zumeist Kartoffeln. Oft mischte er Spreu unter die Kartoffeln, buk sie auf Kohlen, und aß sie mit kaltem Wasser. Damit es etwas besser schmeckte, streute er Asche darauf. Die anderen Leute lachten über den dummen Menschen, der sich nicht einmal Brot gönnte und der daher Spreu aß. Sie gaben ihm den Spitznamen Spreufresser. Spreufresser zitterte um sein Hab und Gut und war mit allen Kräften bestrebt, noch mehr zu erwerben. Aber bekanntlich kann man allein von seiner Hände Arbeit nicht sehr reich werden, denn in der Landwirtschaft kommt das eine hinzu, und das andere geht weg, wie Wasser in einem Fluss. Der Geizige scharrte Reichtümer zusammen und ängstigte sich um sie, und der Teufel freute sich, denn diese Seele war ihm sicher. Spreufresser konnte es oft kaum mehr aushalten, er platzte förmlich vor Habgier und konnte nicht genug bekommen.

Da erfuhr er eines Tages, dass es eine Blume gebe, die versteckt im Farnkraut wachse und zu deren Besitzer alles Hab und Gut von selbst geflossen komme. Er fragte die Leute aus, und sie erzählten ihm, dass die Blume nur einmal im Jahr, am Tag des heiligen Johannes, erblüht, aber dass es schwer sei, diese Blume zu bekommen, denn sie werde von Teufeln und furchtbaren Ungetümen bewacht. Der Spreufresser war so hinter dem Reichtum her, dass er keine Angst davor hatte, und seine Habgier ließ ihn nicht mehr ruhen.

Nach einiger Zeit kam der Johannistag. Vor Sonnenuntergang nahm der Spreufresser einen Sack und ging in den Wald. Inzwischen war die Sonne untergegangen. Am Himmel erglänzten die Sterne, und es waren ihrer so viele, dass man sie nicht zählen konnte. Spreufresser aber dachte nur daran, dass es soviel Reichtum auf der Welt gibt wie Sterne am Himmel. Und die Gier erfasste ihn noch stärker, all diesen Reichtum zu besitzen. Im Wald war es jetzt dunkel wie in einem Sack. Nur an einer Stelle schienen die Sterne durch die Zweige. So leuchtet vielleicht die Blume, dachte Spreufresser und hielt Ausschau danach. Er kroch umher, kroch in das Dickicht, stach sich fast die Augen aus, lief in dem dichten Wald umher und konnte nicht wieder hinausgelangen. Da lauschte er, ob nicht irgendwo ein Hund bellte, aber nichts war zu hören. Er setzte sich auf einen Baumstumpf und wusste nicht, wo er hingehen sollte. Plötzlich hörte er Lärm im Wald, die Erde erzitterte, und ihm lief eine Gänsehaut über den Rücken. Wohin er auch schaute, überall tanzten Teufel mit Hexen, und furchtbare Ungeheuer standen zwischen den Bäumen und klatschten in die Hände. Ihre Augen glänzten wie glühende Kohlen, und sie fletschten ihre Zähne. Er war von Angst erfüllt, hockte auf dem Baumstumpf und zitterte wie ein Hund im Frost. Da sah er auf einmal unweit etwas im Farnkraut glänzen wie ein Sternchen. Er wusste sofort, dass dies die gesuchte Blume war, und wollte dorthin stürzen. Aber das ging nicht. Er hatte kaum zwei Schritte getan, als einige Teufel mit Geschrei und Lärm herbeieilten und ihm den Weg versperrten. Da stand er nun und konnte sich nicht bewegen. Nur seine Zähne klapperten wie im Fieber. Zuerst wollte er sich bekreuzigen, aber dann dachte er, dass der Reichtum nur dorthin geht, wo kein Kreuz ist.

Nun, dachte er, da ich ja doch verloren bin, würde ich sogar dem Teufel meine Seele verkaufen, wenn es sich nur recht lohnt. Er hatte das gerade gedacht, als plötzlich ein Teufel zu ihm gelaufen kam und sagte: »Du hast mich gerufen? Hier bin ich! Ich gebe dir Reichtum, soviel du willst, du aber gib mir deine erbärmliche Seele, die du sowieso nicht brauchst, so selten, wie es dir am Herzen nagt.«

Der Spreufresser willigte ein, dem Teufel seine Seele für die Reichtümer zu geben, und fragte nur, wie lange er diesen Reichtum behalten dürfe.

»Er wird immer dein sein«, sagte der Teufel, »denn die Menschen werden dich nie vergessen, solange die Welt steht. Sie werden sagen, dass aller Reichtum dir gehört.«

Und sie feilschten um die Jahre, die ihm der Teufel noch zum Leben gäbe. Sie handelten es aus, und der Teufel ließ sich vom Spreufresser eine Quittung geben, die dieser mit Blut aus seinem kleinen Finger unterschrieb. Da gab der Teufel ihm die Blume aus dem Farnkraut und lehrte ihn, wie er sie gebrauchen sollte.

Von dieser Zeit an strömte alles Gut zu dem Spreufresser wie Bäche in den Fluss. Bald hatte er so viele Reichtümer und Kostbarkeiten gesammelt, dass er schon keinen Platz mehr dafür hatte. Er erkannte, dass er nicht noch mehr Reichtümer anhäufen konnte, denn sie nahmen zu viel Platz ein und waren so schwer, dass sein Haus begann, in die Erde einzusinken. Da rief er wieder den Teufel zu sich. Der versprach ihm: »Gut, ich will dir etwas geben, worin aller Reichtum zusammengefasst ist und das wenig Platz einnimmt.«

Da sammelte der Teufel von den Menschen Schweiß, Tränen und Blut, goss alles in einen großen Kessel, kochte und kochte und kochte daraus Gold und formte es zu schönen blanken Münzen.

Der Spreufresser sah das goldene Geld und sagte: »Gib es her, solche glänzende Herrlichkeit habe ich überhaupt noch nicht!«

»Nein«, erwiderte der Teufel, »wir lassen es erst unter die Menschen gelangen. Es wird dort allen Reichtum zusammenholen und dann zu dir kommen.«

So schuf der Teufel viel Geld. Wer weiß, vielleicht hat er es gar einst erfunden und in die Welt hinausgelassen, um die Menschen zugrunde zu richten.

Nach einiger Zeit hatte sich bei dem Spreufresser soviel Geld angesammelt, dass er die ganze Welt mit allem Reichtum und allen Menschen kaufen konnte. Aber er wusste auch, dass seine Frist bald abgelaufen war und er sterben musste. Er versuchte den Tod zu bestechen, aber der lachte nur über die Dummheit des Menschen, dass seine Knochen klapperten.

Er suchte Kurpfuscher und Doktoren auf, die ihn vom Tode retten sollten, aber sie sagten nur, dass alle Menschen sterben müssen. Da erkannte er, dass er sich nicht mehr retten konnte, und er versuchte es mit einer List. Er verscharrte sämtliche Goldmünzen in einem Keller, nahm allerlei Speisen mit und setzte sich dazu, um sich vor dem Teufel zu verstecken. Aber da kam der Tod und sagte: »Woraus du entstanden bist, dazu werde auch wieder!«

Als der Tod das gesagt hatte, verwandelte sich das ganze Gold in Schweiß, Tränen und Blut der Menschen, füllte den Keller bis an die Decke und ersäufte den habgierigen Spreufresser.

In diesem Augenblick erschien der Teufel, um die Seele zu holen, ergriff sie und sagte: »Solange die Welt steht, wird man sich daran erinnern, dass du alle betrogen und von Schweiß, Tränen und Blut gelebt hast.«

Märchen aus Russland

Der Soldat mit den drei Pfennigen

Ein Soldat hatte seine Zeit gedient, nahm seinen Tornister auf den Rücken und fuhr ins Land, Arbeit zu suchen. Im Herzen trug er fröhlichen Mut und in der Tasche drei Pfennige.

Nicht lange, so begegnete er einer alten Frau, die bat ihn um ein Almosen. »Ich habe zwar selber nur drei Pfennige,« sagte er, »aber: drei oder zwei – was tut's? Da hast du einen!«

Am andern Tag traf er wieder eine Alte; er merkte aber nicht, dass es die gleiche war, und als sie ihn ansprach, gab er ihr den zweiten Pfennig. Am dritten Tag geschah's ebenso.

»Ob ich einen oder keinen habe, was tut's?« Und gab ihr den Pfennig. Da war sein Geld alle; aber sein guter Mut noch nicht.

Bald kam er in einen tiefen Wald und sah zu seinem fröhlichen Staunen die Alte auf einem Baumstumpf sitzen.

»Hättest du nicht Lust, drei Wünsche zu tun?« fragte sie.

»Wenn's weiter nichts ist!« sagte der Wanderer. Und weil er der Meinung war, das Wünschen helfe nichts mehr, so bedachte er sich nicht lange und sprach: »Zuerst wünsche ich mir Gottes Gnade und Freundschaft; als zweites, dass mein Tornister nicht zerreißt, was auch mit ihm geschehen möge; und als drittes, dass alles, was ich in diesen Tornister wünsche, sofort darin ist und bleiben muss, bis ich es wieder heraus wünsche.«

»Soll geschehen!« sagte die Wunschfrau, »und nun Glück auf die Reise!«

»Schönen Dank auch«, antwortete der Soldat.

Als es dämmrig geworden war, stieß er mit dem Fuß an einen großen Stein, und weil ihm das weh tat, sagte er verdrießlich: »Wärst du in meinem Ranzen, hätte ich mich nicht stoßen können!«

Da sprang der Stein in den Tornister und war so schwer, dass der Mann hintenüberflog und auf dem Kopf stand.

Wie er darüber nachdachte, wodurch er in diese merkwürdige Stellung gekommen war, erkannte er, dass das Wünschen geholfen hatte. Er forderte den Stein also auf, sich wieder zu entfernen, und augenblicklich war's geschehen.

»Gar nicht schlecht!« sagte er und machte sich auf den Weg.

Da gelangte er zu einem reichen Gutshof, und weil kein Gasthaus in der Nähe war, bat er um ein Nachtlager. Aber der Gutsherr, der gerade in seiner Stube saß und Goldstücke aus seinem eisernen Kasten auf den Tisch zählte, wies ihn barsch ab. Da musste der Soldat von hinnen, und wie er so in die finstere Nacht wanderte und nach einem Licht ausschaute, fiel ihm der Tornister ein. »Ich möchte doch, dass ich all die Goldstücke des sauberen Gutsherrn in meinem Ranzen trüge!« Und siehe da: Ein Klang war in der Luft, und die Dukaten des hartherzigen Bauern purzelten in seinen Ranzen.

Bald darauf kam er in ein Gasthaus und fragte nach einem Zimmer. Der Wirt sah ihn von oben bis unten an. Dann zog er die Achseln hoch und sagte: »Es sind alle besetzt, bis auf eins. Aber darin kann niemand schlafen. Wer es versucht hat, ist in der Nacht gestorben.«

»Das ist gerade ein feines Quartier für mich!« antwortete der Soldat, ließ sich vier Kerzen, ein wenig Essen und ein Glas Bier hinauftragen, wofür er gleich bezahlen musste, und wünschte dem Wirt eine gute Nacht.

Kaum hatte er sich zu Tisch gesetzt, da polterte etwas durch den Rauchfang herab und ein schwarzer Klumpen rollte in das Zimmer, aus dem entwickelte sich ein Riese mit grässlichen Klauen und Zähnen. Noch zweimal wiederholte sich der Spektakel, bis endlich drei der greulichen Gesellen beisammensaßen.

»Was verschafft mir denn die Ehre so späten Besuchs?« fragte der Soldat.

»Du musst jetzt sterben«, sagte der erste Riese. »So eilig?«

»Ganz gewiss! Aus deinem Kopf wollen wir eine Kegelkugel drehen.«

»Wo habt ihr denn die Kegel?« fragte der Soldat.

»Die machen wir aus deinen Armen und Beinen.«

»Auch nicht schlecht! So etwas ist mir im Leben noch nicht passiert!«

»Das lässt sich wohl denken«, sagte der Riese. »Und nun trink dein Bier aus, denn ich will dir den Kopf abschneiden.«

Der Soldat ergriff seinen Tornister, schüttete die Golddukaten heraus und sagte: »Würden die Herren vielleicht erst einmal hier hineinspazieren? Dann können wir ja weiter über die Sache reden.«

Da fingen die Riesen auch schon an, an ihren großen Leibern zu schlottern und krochen wie die Kätzlein in den Ranzen.

»So«, sagte der Soldat, »nun kann man wenigstens ruhig essen und schlafen«, schloss den Deckel des Tornisters zu und legte sich zu Bett.

»Warum seid ihr denn eigentlich hierhergekommen?« fragte er schon halb aus dem Traum heraus.

»Unter dem Ofen steht ein Braukessel voll Goldmünzen, den sollst du haben, wenn du uns augenblicklich freilässt!« »Vielleicht reden wir morgen früh darüber«, sagte der Soldat. »Und nun wünsch ich kein Wort mehr zu hören und allerseits gute Nacht!«

Da mussten die Riesen still sein.

Er schlief bis hoch in den Tag, als plötzlich heftig an die Tür geklopft wurde. Das war der Wirt, der nicht anders dachte, als dass sein Gast nicht mehr unter den Lebenden sei. Wie er aber die Stimme des Soldaten hörte, wunderte er sich über die Maßen und fragte sofort in untertänigem Ton: »Was befehlen der Herr zu frühstücken?« Denn er dachte, mit diesem Schläfer müsse es eine besondere Bewandtnis haben. Da öffnete der die Türe und sagte: »Zunächst möcht ich zwei Burschen ...«

»Wa – was?« fragte der Wirt und erschrak bis ins Herz hinein, denn er meinte, der Gast wolle die beiden Burschen zum Kaffee verzehren.

» ... sie sollen mir den Ranzen da in die Schmiede tragen, und der Schmied soll ihn durch drei Gesellen mit schweren Hämmern ausklopfen lassen!« befahl der Soldat weiter.

Dem Wirt blieb der Mund offenstehen. Weil er aber den Zorn seines Gastes nicht erregen wollte, so ließ er gleich die Gesellen aus der Schmiede holen. Die kamen mit lustigen Gesichtern, weil sie glaubten, bei dem Fremden wäre es nicht ganz richtig im Oberstübchen. Als sie den Ranzen aber anfassten, konnten sie ihn nicht tragen und mussten den dritten Gesellen rufen. Dann rollten sie den Tornister die Stiege hinab, wälzten ihn in die Schmiede und wuchteten ihn auf den Amboss.

Der Soldat erschien auch dazu, und mit den schwersten Hämmern, die in der Werkstatt waren, stellten sich die Gesellen zur Arbeit. Kaum aber fiel der erste Schlag, so erscholl ein Geschrei aus dem Ranzen, als wären alle Teufel der Hölle darin – half aber nichts, denn den Schmieden waren drei Dukaten versprochen worden, und sie mussten dafür drei Stunden lang hämmern.

Allgemach schwieg der Lärm. Aber an dem Ranzen war kein Härlein und keine Schnalle locker geworden.

Als die Zeit herum war, wurde der Tornister an den Fluss getragen, und geöffnet. Da kam ein schwarzes Pulver heraus, das färbte die Flut vom Quell bis zur Mündung. Und der Fluss heißt noch heute das Schwarzwasser.

Von Stund an war das Zimmer des Wirtshauses vom Spuk befreit. Der Soldat und der Gastwirt teilten die Dukaten, die sie in dem Braukessel unter dem Ofen fanden; und es waren ihrer so viel, dass jeder der beiden ein Schloss davon bauen lassen konnte.

So kann einer mit drei Pfennigen, wenn er sie richtig anwendet, ein steinreicher Mann werden. *Märchen aus Deutschland*

Der gestohlene Heller

Es saß einmal ein Vater mit seiner Frau und seinen Kindern mittags am Tisch, und ein guter Freund, der zu Besuch gekommen war, aß mit ihnen. Und wie sie so saßen und es zwölf Uhr schlug, da sah der Fremde die Tür aufgehen und ein schneeweiß gekleidetes, ganz blasses Kindlein hereinkommen. Es blickte sich nicht um und sprach auch nichts, sondern ging geradezu in die Kammer nebenan. Bald darauf kam es zurück und ging ebenso still wieder zur Tür hinaus. Am zweiten und am dritten Tag kam es auf eben diese Weise. Da fragte endlich der Fremde den Vater, wem das schöne Kind gehörte, das alle Mittag in die Kammer ginge. »Ich habe es nicht gesehen«, antwortete er, »und wüsste auch nicht, wem es gehören könnte.« Am andern Tage, wie es wieder kam, zeigte es der Fremde dem Vater, der sah es aber nicht, und die Mutter und die Kinder alle sahen auch nichts. Nun stand der Fremde auf, ging zur Kammertür, öffnete sie ein wenig und schaute hinein. Da sah er das Kind auf der Erde sitzen und emsig mit den Fingern in den Dielenritzen graben und wühlen; wie es aber den Fremden bemerkte, verschwand es. Nun erzählte er, was er gesehen hatte, und beschrieb das Kind genau, da erkannte es die Mutter und sagte: »Ach, das ist mein liebes Kind, das vor vier Wochen gestorben ist.«

Sie brachen die Dielen auf und fanden zwei Heller, die hatte einmal das Kind von der Mutter erhalten, um sie einem armen Manne zu geben, es hatte aber gedacht: »Dafür kannst du dir einen Zwieback kaufen«, die Heller behalten und in die Dielenritzen versteckt; und da hatte es im Grabe keine Ruhe gehabt und war alle Mittage gekommen, um nach den Hellern zu suchen. Die Eltern gaben darauf das Geld einem Armen, und nachher ist das Kind nicht wieder gesehen worden. *Märchen der Brüder Grimm*

Der Schatzgräber

Es war einmal ein Bauer, der hatte sein gutes Auskommen, war aber damit nicht zufrieden, sondern wollte ein reicher Mann werden. Tag und Nacht sann er nach, wie er zu diesem Ziele gelangen könnte, aber all sein Sinnen war vergebens.

Als er einmal eben einschlafen wollte, trat ein kleines, graues Männchen vor sein Bett und sagte: »Euch soll geholfen werden. Ich will Euch steinreich machen und nichts für meine Mühe haben.«

Da schmunzelte der Bauer und fragte: »Was soll ich denn tun, damit ich reich werde?«

»Aufstehen, Euch geschwind anziehen, Eure Hacke und Euren Spaten nehmen und mir in den Wald folgen. Ich weiß zwei reiche Leute, die haben das Reichsein satt, und mit einem von denen könnt Ihr ein gutes Geschäft machen!«

»Wenn's weiter nichts ist,« sagte der Bauer, »so freut's mich! Das müssen doch rechte Narren sein, die das Reichsein satt haben.«

Geschwind war er in den Kleidern, nahm Hacke und Spaten und ging mit dem Kleinen. Es war stockfinster, und der Bauer wollte umkehren, um die Laterne zu holen. Der Graue aber lachte und meinte, das sei nicht notwendig. Dann rief er: »Irrwisch! Hallo!«, und ein blaues Flämmchen tanzte daher und leuchtete den beiden.

So kamen sie in den Wald. An einer großen Eiche machte der Graue halt und sagte: »Setzt Euch hier nieder und verhaltet Euch still! Sehr Ihr dort den hellen Fleck? Da brennt der Schatz, und nun will ich hingehen und ihn festmachen.«

»Wo sind denn aber die beiden Narren?« fragte der Bauer. »Die kommen auch noch!« antwortete der Graue und ging zu dem hellen Fleck, legte Steine in einem Kreis darum und rief wieder: »Irrwisch! Hallo!« Da kamen von allen Seiten blaue Flämmchen, tanzten um die Steine und erleuchteten den Platz schier taghell.

»Nun wartet, bis Ihr's zwölf schlagen hört«, sagte der Graue zum Bauern, »dann geht hin und grabt. Habt keine Angst, die Irrwische brennen nicht, sie leuchten nur.« Und fort war er.

Dem Bauern wurde es unheimlich, denn es war gar so still ringsum. Doch die Gier nach Geld und Gold ließ ihn ausharren. Endlich schlug es zwölf. Er nahm Hacke und Spaten, trat in den Kreis und fing an zu graben. Plötzlich stieß er auf einen Stein. Nun kommt der Schatz, dachte er, und sein Herz hüpfte vor Freude, denn so leicht hatte er sich das Reichwerden nicht vorgestellt. Er räumte eilig die Erde ab und fand eine große steinerne Platte. Als er sie aber aufgehoben hatte, schaute er ein viereckiges schwarzes Loch.

Will doch sehen, wie tief es ist, dachte er und langte mit dem Hackenstiel hinab, kam aber nicht auf den Grund. »Da gilt's!« meinte er, setzte sich an den Rand und begann, die steile Wand hinab zu rutschen. Das ging aber schnell und immer schneller, dass ihm Hören und Sehen verging. Als er endlich unten anlangte und wieder zu Sinnen kam, befand er sich in einer dunklen, dumpf hallenden großen Höhle. Da wurde ihm jämmerlich bange, und er hätte gar zu gern laut geheult, wenn er sich nur getraut hätte. Während er noch tastend und stolpernd an den Wänden umhertappte, rief plötzlich eine tiefe Stimme: »Wer da?«

Er antwortete aber nichts, und das war sein Glück. Das wird der Narr sein, dachte er nur und atmete erleichtert auf.

Auf einmal tat sich eine Tür auf, hinter der eine zweite, erleuchtete Höhle lag. Als er eintrat und sich umschaute, blieb ihm der Mund vor Staunen weit offenstehen. Vor einer großen Kiste, die bis an den Rand mit Goldmünzen gefüllt war, saß ein uralter Mann. Um seinen Schädel hingen nur einige dünne Locken, aber vom Kinn herab wallte ein schneeweißer Bart und hing bis in die Kiste hinein. Das Gesicht des Mannes war so durchfurcht, dass es wie ein frisch gepflügter Acker aussah. Die Augen starrten beständig auf das Geld, und mit den dürren langen Fingern zählte er ohne Unterlass die Goldstücke und ließ jedes einzelne klingen. Er trug einen langen Schlafrock, dessen Farbe nicht mehr zu erkennen war und der so zerrissen war, dass der ärmste Bettler nicht »Hab Dank!« dafür gesagt hätte. Vor dem Alten stand ein mit Wasser gefüllter irdener Krug, und neben diesem lagen einige alte verschimmelte Brotrinden. Das alles kam dem Bauern umso wunderlicher vor, als in der Höhle, wo es recht kalt und feucht war, die herrlichsten Pelzröcke hingen und ringsum auf vielen Tischen die feinsten Weine und die besten Braten standen.

Endlich sagte der Alte zu dem Bauern. »Ich habe das Reichsein satt! Willst du mich erlösen?« Der Bauer nickte vergnügt. »Gut!« sprach der Alte weiter. »All dieses Geld gehört dir, wenn du es aushältst zu leben, wie ich gelebt habe!«

Er stand auf, und der Bauer musste sich vor die Kiste setzen.

Kaum saß er vor derselben, so musste er zählen und immer zählen und konnte kein Auge von dem Gold abwenden. Wenn ein Steinchen von den Wänden abbröckelte, fuhr er vor Schreck zusammen, denn er dachte, es kämen Diebe. Das Zählen machte ihn hungrig und durstig, und die Speisen dufteten so lieblich, und der Wein funkelte so hell. Er griff nach einer Schüssel. »Halt!« rief da der Alte. »So haben wir nicht gewettet! Erst gibst du mir ein Goldstück!« Der Bauer langte in die Kiste, war aber nicht imstande, sich von einer Goldmünze zu trennen, sie funkelten und klangen gar zu schön. Da aß er eine trockene Brotrinde und trank einen Schluck Wasser und fuhr fort, das Geld zu zählen. Bald fing er an zu frieren und wollte sich einen warmen Pelz nehmen. »Halt!« rief der Alte. »So haben wir nicht gewettet! Erst gibst du mir zwei Goldstücke!« Der Bauer aber wäre lieber erfroren, als dass er sich von einer der Münzen getrennt hätte.

So saß er und zählte und hungerte und dürstete und fror. Endlich fielen ihm die Augen zu. Als er aufwachte, kauerte er an der Wand, während der Alte wieder vor der Kiste saß und sprach: »Was suchst du denn Gold und Geld, wenn du es nicht zu schätzen weißt? Fünfzig Jahre lang habe ich auf Erden gelebt, wie du mich jetzt leben siehst, du aber hast dieses Leben nicht einmal einen Tag ausgehalten, sondern bist über dem Geldzählen eingeschlafen. Das Geldzählen hat dich nicht sattgemacht, des Goldes feuriger Glanz hat dich nicht erwärmt, der Münzen lieblicher Klang hat dich nicht wach gehalten – was suchst du also in meiner Behausung?«

»Gold! Alter Narr!« antwortete der Bauer. »Aber nicht um zu darben und zu frieren! Geld will ich haben, um alle Plackereien loszuwerden. Aber mein Herz und Sinn sollen nicht an das Geld gefesselt sein, denn ich will mein Leben genießen.«

»Dir kann geholfen werden, Menschenkind!« Und er deutete auf eine andere Tür. Aha, dachte der Bauer, jetzt geht's zum zweiten Narren. Mit dem werde ich schon ein Geschäftchen machen.

Der Bauer drückte auf die Klinke, die Tür ging auf und gab einen dunklen Gang frei. Der Alte rief: »Irrwisch! Hallo! Führ den Mann zu meinem Sohn.« Da lief sogleich ein blaues Flämmchen vor dem Bauern her.

Nach einer Welle wurde es heller, das Flämmchen verschwand, und als der Bauer das Ende des Ganges erreicht hatte, stand er in einem herrlichen Garten. Solch einen schönen Garten hatte der Bauer noch nie gesehen. Das war eine Pracht! Auf blühenden Bäumen hüpften buntschillernde Vögel umher und sangen, dass es eine Lust war. An den Wegen standen große Figuren aus Silber und Gold. Wunderbare Grotten und Pavillons waren mit den weichsten Polstern und Lagern ausgestattet. Zahlreiche Springbrunnen warfen wohlriechendes Wasser hoch in die Luft, und auf klaren Teichen schwammen majestätisch weiße Schwäne.

Unter den hohen Bäumen aber weideten zahme Hirsche, Rehe und Gazellen.

Der Bauer meinte erfreut: »Da komme ich zum Rechten! Der hat Dukaten in Fülle und scheut sich nicht, sie für Wohlleben und Genuss auszugeben. Das lass ich mir gefallen!« Er schritt wacker voran und kam zu einem Palast, der war aus weißem Marmor gebaut und hatte goldene Türen und Fensterscheiben aus buntem Glas.

Während der Bauer den Palast noch anstaunte, kam ein Diener, der trug einen goldenen, mit Edelsteinen besetzten Rock, und forderte den Bauern auf, ihm zu folgen. Sie stiegen auf einer silbernen Treppe empor und gingen dann durch eine lange Reihe von Zimmern, von denen eins immer noch schöner und prachtvoller war als das andere. In allen Räumen standen vornehm gekleidete Herren und wunderschöne Damen, die aber alle recht verdrießliche und gelangweilte Gesichter machten. Endlich kamen sie in ein Zimmer, gegen welches die anderen noch ärmlich erschienen. Da war alles aus Gold, und Fußboden bestand aus einem einzigen großen Spiegel.

Der Diener trat vor, verneigte sich und sagte: »Herr, hier ist der Mann, der Euch erlösen will!« Da wurde der Vorhang eines Bettes zurückgeschlagen, und der Bauer erblickte einen auf vielen seidenen und samtenen Kissen liegenden, dicken Herrn, der gähnte und dehnte sich ausgiebig und sprach endlich langsam: »Das ist mir lieb, denn' ich sterbe schier vor Langeweile! Aber willst du denn wirklich mit mir tauschen und wenigstens acht Tage so leben, wie ich lebe?«

Da lachte der Bauer und rief: »Acht Tage? Mein ganzes Leben lang! Hier ist's wie im Himmel. Hier gefällt's mir.«

Kaum hatte er das gesagt, so lag er auch schon auf dem Ruhebett und hatte von unten bis oben seidene Kleider an. Die Diener brachten Wein, Braten und süße Früchte. Das schmeckte!

Der Bauer war noch hungrig von der Höhle her, wo's doch allzu schmale Bissen gegeben hatte. Als er so viel gegessen hatte, dass er sich kaum noch regen konnte, fuhr er in einem vierspännigen Wagen durch den Garten und besah sich bequem alle Sehenswürdigkeiten. Dann fuhr er zurück und aß und trank wieder. Nach dem Essen erfreuten ihn Tänzerinnen mit ihrer Kunst, und danach kamen Schauspieler und führten ein Lustspiel auf. Das alles gefiel dem Bauern ganz herrlich, und er meinte vergnügt zu sich: »Heißa, diese Prüfung bestehe ich leicht! Ohne einen Groschen selbst zu verdienen, lebe ich in Saus und Braus wie der reichste Herr oder der größte König.«

Er genoss in vollen Zügen, und erst um Mitternacht legte er sich schlafen. So ging es einige Tage lustig weiter, aber nach und nach wurde alles anders. Der Bauer wurde dick und glänzte wie ein Pfannkuchen, das Atmen fiel ihm schwer, und er schnaubte wie ein alter Gaul. Das Essen und Trinken schmeckte ihm nicht mehr, das Spazierenfahren war ihm zuwider, die Spielleute, Tänzer und Schauspieler konnten ihm nichts mehr recht machen. Nachts konnte er wenig schlafen, und wenn er schlief, drückte ihn der Alp. Alles war ihm gleichgültig und unendlich langweilig geworden, alles ekelte ihn an.

Das wurde mit jedem Tag schlimmer, und als der siebente Tag kam, sprach der Bauer zum Diener: »Ach, sage deinem Herrn, ich möchte doch nicht mit ihm tauschen. Ich kann's nicht mehr aushalten. Geschwind, sage es ihm, ehe es Abend wird. Ich will wieder nach Hause, denn ich sehne mich nach meinem Weibe und meinen Kindern und nach meiner Arbeit!«

Kaum hatte er den Diener fortgeschickt, da schlief er schon ein, und als er wieder aufwachte, lag er in seinem Kittel unter der alten Eiche. Neben ihm lagen Hacke und Spaten. Er rieb sich die Augen und beguckte sich von allen Seiten. Ja richtig, er war noch ganz der alte.

Er ging eilig nach Hause. Die Seinigen, die große Angst um ihn ausgestanden hatten, hießen ihn erfreut willkommen und fragten ihn, wo er denn so lange gewesen sei.

Da erzählte er die ganze Geschichte und schloss mit den Worten: »Aber einen Schatz habe ich doch gehoben!«

Märchen aus Deutschland

Die Erbschaft

Es war einmal ein wohlhabender Farmer. Er hatte drei Söhne. Als er auf dem Sterbebett lag, rief er sie zu sich und sagte: »Meine Söhne, ich werde euch nun für immer verlassen. Lasst keinen Streit zwischen euch entstehen, wenn ich gestorben bin. In der Kommodenschublade im Hinterzimmer werdet ihr eine Summe in Gold finden. Teilt es gerecht und ehrlich unter euch auf, bearbeitet den Hof und lebt gemeinsam, so wie ihr es bisher mit mir getan habt.« Kurz danach starb der alte Mann. Die Söhne beerdigten ihn, und als alles vorüber war, gingen sie zu der Kommodenschublade. Doch als sie diese herauszogen, war nichts darin.

Eine ganze Welle standen sie sprachlos da, dann sagte der Jüngste: »Wer weiß, ob überhaupt Geld darin war?«

Der zweite Sohn erwiderte: »Gewiss war dort Geld, wo auch immer es jetzt ist.«

Und der Älteste fügte hinzu: »Unser Vater sprach nie in seinem Leben eine Unwahrheit. Ganz sicher war hier Geld, obwohl ich die Sache nicht verstehe. Kommt, lasst uns zu diesem alten Mann gehen, der mit Vater befreundet war. Sie waren zusammen in der Schule. Keiner hat Vater so gut gekannt und über seine Angelegenheiten so genau Bescheid gewusst wie er. Wir wollen ihn um Rat fragen.«

Die Brüder gingen also zu dem Haus des alten Mannes und erzählten ihm alles, was sich ereignet hatte. »Bleibt bei mir«, sagte der alte Mann, »und ich werde über diese Sache nachdenken. Noch kann ich sie nicht durchschauen, aber wie ihr wisst, waren euer Vater und ich sehr gute Freunde. Als er Vater wurde, übernahm ich eure Patenschaft, und als ich Kinder bekam, war er deren Pate. Ich weiß, dass euer Vater niemals gelogen hat.«

Er gab ihnen Speise und Trank und behielt sie zehn Tage lang bei sich.

Dann schickte er nach den drei Brüdern, ließ sie neben sich niedersetzen und begann zu erzählen:

»Es war einmal ein junger Bursche. Er war arm und liebte die Tochter eines reichen Nachbarn. Diese liebte ihn auch, aber weil er so arm war, konnten sie nicht heiraten. Schließlich versprachen sie sich einander, und der junge Mann ging wieder in sein Haus zurück. Einige Zeit später kam ein anderer Freier. Weil er wohlhabend war, bewegte der Vater das Mädchen dazu, ihm die Ehe zu versprechen, und nach einer Welle wurden sie verheiratet. Aber als der Bräutigam nach der Hochzeit zu ihr kam, fand er sie weinend und wehklagend. Da fragte er sie: ›Was schmerzt dich?‹

Eine ganze Welle wollte die Braut nicht darüber sprechen, aber schließlich erzählte sie ihm doch alles, was geschehen war und wie sie sich längst einem anderen versprochen hatte.

›Zieh dich an‹, sagte der Mann, ›und folge mir.‹

So zog sie ihr Hochzeitskleid wieder an. Er holte derweil sein Pferd, setzte sie hinter sich und ritt zum Haus des anderen Mannes. Dort angekommen, schlug er an die Tür und rief: ›Ist jemand zu Hause?‹ Und als der andere antwortete, ließ er die Braut an der Tür stehen und kehrte wortlos nach Hause zurück. Der arme Mann war unterdessen aufgestanden, hatte ein Licht geholt und fand nun vor seiner Tür – die Braut in ihrem Hochzeitskleid.

›Was brachte dich hierher?‹ fragte er.

›Mein Mann!‹ sagte sie. ›Ich bin heute mit ihm verheiratet worden, und als ich ihm von dem Versprechen, das wir uns gegeben hatten, erzählte, brachte er mich hierher und ließ mich vor deiner Tür stehen.‹

›Setz dich ins Haus!‹ sagte der Mann. ›Bist du nicht mit ihm verheiratet?‹

Darauf nahm er sein Pferd, ritt zum Priester und brachte ihn zu seinem Haus. Vor dem Priester entband er die Frau von dem Versprechen, das sie ihm gegeben hatte, und er gab ihr ein Schreiben, in dem stand, dass sie nun frei sei. Dann setzte er sie aufs Pferd und sagte: ›jetzt kehre zu deinem Mann zurück!‹

So ritt die Braut nun in ihrem Hochzeitskleid in der Dunkelheit davon. Sie war noch nicht weit gekommen, da erreichte sie einen dichten Wald, in dem drei Räuber sie anhielten und ergriffen. ›Aha!‹ sagte einer von ihnen. ›Wir haben schon lange gewartet, ohne Beute zu machen, aber jetzt haben wir eine Braut höchstpersönlich.‹

›Oh, lasst mich gehen‹, sagte sie. ›Lasst mich zu meinem Ehemann. Der Mann, dem ich zuerst versprochen war, hat mich freigegeben. Hier sind zehn Pfund in Gold. Nehmt sie und lasst mich meines Weges zieh'n!‹

Und sie bat und flehte lange und erzählte, was ihr alles widerfahren war. Endlich sagte einer der Räuber, der mehr Anstand als die anderen hatte: ›Komm! Wenn diese Männer so edel an dir gehandelt haben, dann will ich selber dich nach Hause bringen.‹

›Nimm doch das Geld!‹ sagte sie.

›Ich will nicht einen Penny davon haben‹, entgegnete der Räuber. Aber die beiden anderen riefen: ›Gib uns das Geld!‹ und sie nahmen die zehn Pfund. Die Frau ritt nach Hause, und der Räuber geleitete sie bis zur Haustür ihres Mannes. Sie ging hinein und zeigte ihrem Mann das Schreiben, das der andere ihr in Gegenwart des Priesters gegeben hatte. Darauf waren sie sehr glücklich und zufrieden.«

»Nun«, fragte der alte Mann die drei Söhne seines verstorbenen Freundes, »wer von diesen Menschen hat am besten gehandelt, wie denkt ihr darüber?«

Der älteste Sohn sagte: »Ich glaube, der Ehemann, der die Frau zu dem brachte, dem sie zuerst versprochen war, war ein ehrlicher und großmütiger Mann. Er hat sich am besten verhalten.«

Der zweite meinte: »Ja, aber der Mann, dem sie zuerst versprochen war, handelte noch edler, als er sie ihrem Ehemann zurückschickte.«

»Also, ich weiß nicht recht«, sagte der jüngste, »aber vielleicht waren die weisesten von allen die beiden Räuber, die das Geld bekommen haben.«

Darauf erhob sich der alte Mann und sagte: »Du hast eures Vaters Geld. Ich habe euch zehn Tage lang hierbehalten und genau beobachtet. Ich weiß, dass euer Vater nie die Unwahrheit sprach. Du hast das Geld gestohlen.«

Und so musste der jüngste Sohn sich zu der Tat bekennen. Das Geld wurde geholt und nun ehrlich geteilt.

Märchen aus Schottland

Wie ein Alter in die Schule ging und Geld verdiente

Vor langer Zeit arbeitete einmal ein Bauer, der Apanas hieß, bei einem Gutsherrn. Er kannte nur seine Arbeit, und der Gutsherr, der Nichtstuer, kommandierte ihn.

Eines Tages pflügte Apanas auf dem Feld. Da kam der Gutsherr zu ihm, und Apanas fragte ihn: »Wie kommt es, dass ich hier arbeite und pflüge, Ihr aber, lieber Herr, tut nichts?«

Der Gutsherr antwortete: »Ich bin zur Schule gegangen und habe das gelernt.«

Da dachte Apanas so bei sich: Nun, dann gehe ich auch in die Schule. Er war aber schon über fünfzig Jahre alt.

Als er nun in die Schule kam, fragte ihn der Lehrer: »Was gibt's, Onkelchen?«

»Ich will lernen!«

Da sagte der Lehrer: »Zu spät!«

Da dachte Apanas: Wenn ich heute zu spät gekommen bin, dann komme ich morgen früher. Am darauffolgenden Tag kam Apanas wieder in die Schule. Ein anderer Lehrer sah ihn an und sagte: »Es ist schon zu spät für dich zum Lernen, Alterchen!«

Noch dreimal kam Apanas in die Schule, und jedes Mal sagten die Lehrer zu ihm: »Zu spät!« Die Arbeit beim Gutsherrn hatte er inzwischen schon aufgegeben. So ging er in den Wald, war traurig und seufzte: »Was soll ich nur tun?« Da sah er plötzlich die Kutsche des Gutsherrn leer dahin jagen. Die Pferde waren aus irgendeinem Grunde scheu geworden und mit der Kutsche losgerast, der Gutsherr, der Kutscher und das Gepäck waren herausgeflogen.

Als Apanas weiter seines Weges ging, fand er einen Reisesack. Er hob ihn auf und ging weiter. Er brachte ihn zu einem versteckten Platz, wo er ungestört war, und schnitt in eine Ecke des Reisesacks ein kleines Loch. Als er ihn dann ein wenig schüttelte, fiel ein Goldstück heraus. Er hatte noch nie in seinem Leben so viel Geld gesehen. Da er schon einige Tage nicht beim Gutsherrn gearbeitet hatte, war er hungrig. Er versteckte den Reisesack gründlich und lief mit dem Goldstück in einen Laden, um sich etwas zu essen zu kaufen. Das Essen kostete insgesamt fünfzehn Kopeken. Er gab der Verkäuferin seine goldene Münze und dachte: Das Geldstück sieht gar nicht so groß aus, mal sehen, wie viel sie herausgibt. Die Verkäuferin sah es an und sagte: »Warte, ich kann nicht sofort herausgeben!«

Darauf verschwand sie eine Welle im Hinterzimmer und gab ihm dann vier Rubel und fünfundachtzig Kopeken. Was für Geld! Da kann ich ja gut leben, dachte Apanas.

Er lief wieder zu seinem Versteck, öffnete den Reisesack ganz und erblickte darin so viele Goldstücke, dass er laut ausrief: »Mein Gott! Soviel Geld!« Es waren ungefähr vierzigtausend Rubel, er aber konnte das Geld gar nicht zählen. Apanas ging nun ins Städtchen und sah dort an einem Pfahl eine Bekanntmachung hängen. Ein wenig konnte er ja lesen, und so entzifferte er: Am Sonntag wird auf einer öffentlichen Auktion ein Gutshof versteigert. Da dachte er: Ich habe doch jetzt Geld. Dort gehe ich hin, vielleicht bekomme ich das Gut auf der Auktion.

Als er nach Hause zurückkam, erwartete ihn eine unangenehme Nachricht. Der Gutsherr, der das Geld verloren hatte, hatte die Pfaffen aufgefordert, alle Leute zur Beichte zu holen. Traurig dachte Apanas: Natürlich wird mich der Pfaffe fragen, ob ich das Geld gefunden habe. Dann muss ich es zurückgeben und kann mir das Gut nicht kaufen. Er ging zum Pfaffen, der ihm die Beichte abnahm und ihn fragte: »Welche Sünden hast du begangen? Hast du etwas gestohlen oder gefunden?«

Apanas überlegte kurz und erzählte dann, dass er Geld gefunden habe, als er zur Schule ging. Da dachte der Pfaffe: In die

Schule ist er als junger Bursche gegangen, das Geld aber hat der Gutsherr erst gestern verloren, also kann es nicht dessen Geld sein. So vergab er dem Bauern alle Sünden.

Voller Freude lief Apanas zur Auktion und kaufte für dreißigtausend Rubel das ganze Gut mit allem lebenden und toten Inventar.

Einige Tage später wollte der Gutsherr, bei dem Apanas früher gearbeitet hatte, einen Ball veranstalten, und er schickte Einladungen an die anderen Gutsherren. Apanas erhielt ebenfalls eine Einladung zum Ball, denn der Gutsherr konnte ja nicht ahnen, dass sein ehemaliger Bauer das Gut gekauft hatte.

Apanas kam, trat in den Palast des Gutsherrn und setzte sich wie alle anderen Gutsherren im Saal an den Tisch. Der Gastgeber kam herein und sah Apanas in Gutsherrenkleidung dort sitzen. Da fragte er ihn: »Wie kommst du denn in unsere Gesellschaft?«

Apanas zeigte dem Gutsherrn die Dokumente. Der Gutsherr staunte und fragte: »Wo hast du denn das viele Geld her?«

»Erinnerst du dich noch, Gutsherr, wie du mir auf dem Feld gesagt hast, dass man zur Schule gehen muss? Siehst du, ich bin in die Schule gegangen und habe viel Geld verdient. Es wäre gut, wenn alle Tagelöhner aufhören würden, beim Gutsherrn zu arbeiten, und dafür in die Schule gehen würden. Dann wären alle den Gutsherren gleich, und niemals mehr würden Menschen gequält.«

Märchen aus Russland

Der wunderliche Geldbeutel

Vor langer Zeit, als die Handwerksburschen nach ihrer Lehrzeit noch auf die Wanderschaft zu gehen pflegten, marschierte einmal ein Schmiedegeselle auf staubiger Landstraße wacker voran. Er hatte gerade die Kirchturmspitze eines nicht mehr allzu fernen Städtchens erblickt und hoffte, dort vielleicht einen freundlichen Meister mit Bedarf an zwei fleißigen Händen zu finden. Freilich hatte er kein Geld im Sack, aber er war jung und hatte ein sonniges Gemüt – hoppla, was kostet die Welt?

Da hörte er plötzlich vom Wegesrand her ein Wimmern, und als er nachschaute, entdeckte er im dichten, hohen Gras ein altes Kräuterweiblein, das seltsam verquer unter einem schweren Bündel Holz begraben lag und ihn hilfesuchend anblickte. Er besann sich nicht lange, sondern befreite sie aus ihrer Pein. Weil sie sich nun aber einen Fuß verletzt hatte und nur mühsam humpeln konnte, bat sie ihn, sie bis zu ihrer nahegelegen Hütte zu stützen. Er bemerkte ihre Schmerzen, und so nahm er sie kurzerhand huckepack und trug sie nach Hause. Ja, er ging sogar noch einmal zurück, das Bündel Holz zu holen, damit sie ein warmes Feuerchen im Herd hatte. »Du hast fürwahr ein gutes Herz«, sagte die Alte, als er ihr die Hand zum Abschied hinstreckte. »Hier gebe ich dir ein Geschenk, als Belohnung für deine Hilfe. Verwahr es wohl, es wird dir nützen.«

Sie überreichte ihm einen kleinen Lederbeutel und wünschte ihm guten Weg und gute Zeit. Er bedankte sich und wanderte dann weiter dem Städtchen zu. Unterwegs nahm er den geschenkten Beutel hervor, um zu sehen, ob etwas darin wäre. Und siehe da, er enthielt gerade genug Geld für ein gutes Abendessen und ein schlichtes Bett im Gasthof. Die Vorfreude auf diese Annehmlichkeiten beflügelte seinen Schritt.

Bald darauf schon hallten seine Stiefel durch die Gassen des Städtchens. Er hielt nach dem Schild eines Wirtshauses Ausschau, als er beinahe einen an der Hausmauer hockenden Mann über den Haufen gerannt hätte. Dieser Mann sah so elend aus und hatte solche Verzweiflung im Blick, dass der Schmiedegeselle fragte: »Was tust du hier? Warum sitzt du auf dem Boden?«

»Ach, Junge, die Sorgen drücken mich zu Boden. Seit Monaten finde ich als armer Tagelöhner keine Arbeit, mein Weib liegt krank auf dem Lager, und die Kinder weinen vor Hunger.«

Sogleich meldete sich des Schmiedegesellen mitleidiges Herz mit dem Wunsch zu helfen. Dieser Mensch hat's wahrlich nötiger als ich, dachte er und griff in seinen Rucksack, um dem armen Mann das Geld vom Kräuterweiblein zu schenken. Als er dazu das Lederbeutelchen herausholte, konnte er sich vor Verwunderung kaum fassen, denn es war schwer und prall geworden – lauter gutes Geld und sogar blanke Dukaten waren darin. Das Erstaunen schlug schnell in Freude um und er gab dem armen Mann reichlich und sagte: »Hier, guter Mann, nun hat deine Not ein Ende.«

Mit Glückstränen in den Augen und immerfort Dankesworte stammelnd, erhob sich der Tagelöhner, drückte dem Burschen innig die Hand und machte sich dann eilends auf, um seine darbende Familie zu versorgen.

Der Schmiedegeselle blickte ihm zufrieden nach und setzte, als er um die nächste Ecke verschwunden war, die Suche nach einem Gasthof fort. Nur einige Straßen weiter stand ein Wirtshaus, aus dem Musik, laute Reden, Gelächter und vor allem der Duft nach leckeren Speisen drangen. Hier schien es ihm richtig, also trat er ein. Drinnen herrschte ein lustiges Treiben: Einige vornehm ausstaffierte Herren zechten und schmausten, scherzten mit aufgeputzten Damen, lachten und sangen und würfelten, als säße ihnen der Spielteufel im Nacken.

Der Schmiedegeselle setzte sich an einen freien Tisch und bestellte, als der Wirt zu ihm kam, ein reichliches Abendessen samt einem Glas guten Wein und bat um ein Bett für die Nacht. »Bei mir«, sagte der Wirt, »sind Küche und Keller vorzüglich. Das muss man sich leisten können. Und das Nachtlager, so ist's hier üblich, muss im voraus bezahlt werden.«

»Keine Sorge, Herr Wirt! Daran soll's nicht scheitern«, erwiderte der Bursche und legte einen blanken Dukaten auf den Tisch. Da staunte der Wirt, und auch die Zech- und Spielkumpane nebenan wurden aufmerksam. »He, was sitzt du da so alleine herum?« riefen sie ihm zu. »Komm zu uns, da sollst du viel Spaß haben!«

Sie holten ihn an ihren Tisch, schenkten ihm fleißig Wein ein und gaben gleich wilde Geschichten zum Besten, was sie doch für tolle Kerle seien. Nach seiner einsamen Wanderschaft war ihm nach Menschen zumute, und so beachtete er gar nicht, in welch »feine Gesellschaft« er geraten war. Der Wein und die prahlerischen Reden vom angenehmen Leben benebelten seine Sinne, und ehe er sich's versah, saß auch ihm der bis dato unbekannte Spielteufel im Genick. Er würfelte und zechte und zechte und würfelte und – verlor eine Runde nach der anderen. Die Zechrunden waren der Einsatz, und der Wirt schrieb emsig mit Kreide auf eine Tafel, was ein jeder ihm schuldete. Als die Turmuhr Mitternacht schlug, meinte der Wirt, nun sei's für heute genug und er wolle jetzt mit ihnen abrechnen. Da zog jeder der Kerle seine Geldbörse hervor und gab dem Wirt die geforderte Summe. Am meisten freilich sollte der Handwerksbursche bezahlen, schließlich hatte er auch die meisten Runden verloren. »Was soll's, das macht gar nichts«, meinte er achselzuckend und dachte dabei an die vielen blanken Dukaten in seiner Tasche. Als er nun sein Lederbeutelchen hervorzog, wurde er bleich wie die

Wand. Der Beutel war dünn, schlaff und viel zu leicht. Hastig schüttelte er ihn aus, doch statt blanker Dukaten rollten zwei alte Hosenknöpfe auf den Tisch. Zuerst war es mäuschenstill im Raum, dann brach der Tumult los: Der Wirt zeterte um sein Geld, die Spielkumpane schrien und nannten ihn einen Betrüger, und er selbst stammelte etwas von »Dukaten« und »Zauberbeutel«, doch keiner wollte ihn anhören. Das ging so lange, bis der Wirt plötzlich energisch ausrief: »Schluss jetzt! Entweder ihr zahlt seine Schulden, oder wir sehen uns alle vor dem Richter wieder.«

Von der Gerichtsbarkeit wollte allerdings keiner etwas wissen, und so legten sie zähneknirschend zusammen und gaben dem Wirt das Geld. Dann packten sie den Schmiedegesellen, zerrten ihn auf die nächtliche Straße und ließen dort ihren Ärger an ihm aus. Solche Prügel hatte er fürwahr sein Lebtag noch nicht bezogen. Sie bleuten ihn durch, bis ihm Hören und Sehen vergingen. Endlich ließen sie von ihm ab und verschwanden in der Nacht.

Am nächsten Morgen rappelte er sich auf und erfrischte sich am Brunnen, damit sein Kopf wieder klar wurde. Aber alle Glieder taten ihm weh, und sein leerer Magen knurrte wie ein Hofhund. Längst war ihm klargeworden, welch einen wunderlichen Geldbeutel ihm das alte Kräuterweiblein geschenkt hatte: Tat man Gutes, so war reichlich Geld darin, tat man Lasterhaftes, so blieb der Geldsegen aus. Wohlan denn, dachte er, ich will mir's merken!

Als er am Marktplatz vorbeikam, stieg ihm der Duft frischgebackener Semmeln in die Nase. Kann es denn lasterhaft sein, dachte er, für meinen hungrigen Magen eine Semmel zu begehren? Er machte die Probe, zückte den Geldbeutel, und siehe da – er enthielt sogar genug Geld für zwei Semmeln und noch ein Stück Käse dazu. Nun sah die Welt schon wieder besser aus, und frohen Mutes wanderte er aus diesem Städtchen hinaus, denn er wollte lieber woanders sein Glück suchen.

Er kam viel herum, diente fleißig so manchem Meister und tat mit seinem wunderlichen Geldbeutel fortan viel Gutes.

Eines Tages kam er zu einem alten Schmiedemeister und trat in dessen Dienste. Dieser Meister hatte eine Tochter, die an Liebreiz und Edelmut kaum ihresgleichen fand. Schon bald waren die beiden jungen Leute aufrichtig ineinander verliebt, und nach einer Welle hielt der Bursche um die Hand des Mädchens an. Der Vater war beglückt, einen solch gutherzigen Mann für seine Tochter und tüchtigen Nachfolger für seine Schmiede gefunden zu haben. So gab er ihnen mit Freuden den väterlichen Segen, und die Hochzeit wurde festgesetzt.

Gar zu gern wollte der junge Schmied seiner Braut ein schönes und edles Hochzeitsgeschenk verehren. Doch woher sollte er das Geld dafür nehmen? Sofort fiel ihm sein wunderlicher Geldbeutel ein. Würde der ihm diesen Wunsch gewähren? War sein Begehr etwa unbescheiden und eigennützig? Er ging in seine Kammer, holte das Lederbeutelchen hervor und schüttelte es zaghaft, ob vielleicht Dukaten zu hören wären. Doch er vernahm nur ein ganz leises, helles Klingen. Und als er hineinschaute – da lagen zwei edle Ringe und eine wunderschöne, goldene Halskette für die Braut darin.

Sie lebten viele, viele Jahre in Glück, Gesundheit und Wohlstand. Der Schmied war ein hochgeachteter, mildtätiger und rechtschaffener Mann, und nur selten dachte er noch an den wunderlichen Geldbeutel seiner Jugend. Erst als er seinen Enkeln von früheren Zeiten erzählte, wollte er ihnen auch das Beutelchen zeigen, das ihm einst auf solch wundersame Weise den rechten Weg gewiesen und Glück beschert hatte. Doch er konnte es nicht mehr finden. So sehr er auch danach suchte, es blieb verschwunden.

Märchen aus Schlesien

Der Groschen

Vor langen Zeiten stand einmal ein Gasthof im Walde. Wer von diesem Gasthof sieben Werst nach rechts ging, stieß auf das Haus des Gutsdieners Juris, und wer sieben Werst nach links ging, stieß auf das Haus des Gutsdieners Janis. Diese beiden nun trafen sich an einem Sonntagnachmittag im Gasthof und tranken. Sie tranken und tranken. Juris aber hatte für einen Groschen mehr getrunken, als sich in seiner Tasche fand und konnte seine Zeche nicht bezahlen. In seiner Not bat er Janis, ob er ihm nicht einen Groschen leihen könnte.

»Das kann ich wohl, aber wann kriege ich den Groschen zurück?« antwortete dieser.

»Janis, mach dir doch darüber keine Sorgen. Schon nächsten Sonntag treffen wir uns hier wieder, und dann bekommst du den Groschen von mir zurück, auch zwei, wenn es dir recht ist. Ein Mann, ein Wort!« sagte Juris.

Janis ließ sich schließlich umstimmen und gab Juris den Groschen. Am nächsten Sonntag ging Janis wieder ins Gasthaus. Die Zeit verging und verging, Janis wartete und wartete, doch wer nicht kam, war Juris, der fein bei seiner Frau zu Hause geblieben war und ihr eine kluge Rede hielt: »Weißt du, mein liebes Frauchen, wer klug ist, der zahlt nichts zurück. Ich werde erst einmal gemütlich etwas essen, und danach ziehe ich mich zu einem ausgiebigen Mittagsschlaf zurück. Vielleicht kommt Janis heute Nachmittag ja noch vorbei und fragt nach seinem Groschen. Dann bestell ihm, dass ich schon drei Tage lang schlafe, meine Sprache verloren habe, und sag ihm, dass du nicht wüsstest, ob ich je wieder aufstehen würde.«

Alles kam so, wie Juris es vorausgesehen hatte. Im Gasthaus wollte Janis schließlich nicht mehr länger auf Juris warten und bemühte sich die sieben Werst zu dessen Haus hin. Als er endlich angekommen war, fragte er, wo Juris sei: »Am letzten Sonntag hat er sich von mir einen Groschen geliehen. Er hat fest versprochen, ihn heute wieder zurückzugeben. Doch nichts ist geschehen.«

Juris' Frau hatte wohl gelernt, was sie antworten sollte. Wie geölt kam es über ihre Lippen: »Janis, Janis, was bist du doch für ein hartherziger Mensch! Wie kannst du es nur wagen, wie ein Räuber über einen Menschen herzufallen, der schon seit drei Tagen stumm ist und kein Wort herausbringt. Wenn mein Juris wieder gesund wird, dann wird er dir gewiss den Groschen zurückgeben. Wenn er mir aber stirbt, dann weiß ich nicht, wer die Schulden zahlen soll.«

Wenige Tage später begegnete Janis einem Jungen aus Juris' Haus. Neugierig erkundigte er sich nach dem Wohlbefinden seines Freundes und ob es denn mit seiner Krankheit jetzt schon besser stünde. Der Junge machte große Augen und sprach: »Wieso? Ich habe nichts davon gehört, dass er auch nur einen Augenblick lang krank gewesen ist.«

Daraufhin erzählte Janis dem Jungen die ganze Geschichte. Der aber erwiderte nur: »Dummes Zeug, und ob Juris reden kann! Und putzmunter ist er auch.«

Schließlich war der nächste Sonntag herangekommen. Janis, der innerlich keine Ruhe finden konnte, machte sich erneut auf den Weg zu Juris. Juris aber hatte vorgesorgt: »Frauchen, weißt du, haben wir nicht auf dem Boden einen wunderschönen Sarg? Den werde ich in die Kapelle zum Friedhof mitten im Walde bringen und mich hineinlegen. Wenn Janis kommt und seinen Groschen haben will, dann sag ihm, dass ich bereits gestorben bin und im Sarg liege. Er kann selber nachsehen.«

Gesagt, getan. Juris legte sich in seinen Sarg in die Kapelle mitten auf dem Friedhof im Walde, als plötzlich zwölf Räuber erschienen, die ihre Beute untereinander aufteilen wollten. Das Geld war schnell verteilt. Wie aber teilt man einen goldenen Ring durch zwölf Räuber? Jeder erhob Anspruch auf den Ring, und die Räuber gerieten sich in die Haare, bis dem ältesten Räuber eine Idee kam: »Wer von euch diesen Sarg mit einem einzigen Axthieb in zwei Teile zerlegt, dem soll der Ring gehören.«

Juris im Sarg hörte diese Worte und wusste sofort, dass diese Sache für ihn nicht gut ausgehen konnte. Er hob den Sargdeckel ab und brüllte die Räuber an: »Ihr niederträchtiges Lumpenpack, ihr! Nicht einmal die Toten könnt ihr in Frieden ruhen lassen. Ihr Toten weit und breit, erhebt euch aus euren Särgen und Gräbern. Diesem Pack hier wollen wir eine Lehre erteilen.«

Diese Worte erschreckten die Räuber so sehr, dass sie sich noch nicht einmal mehr bekreuzigen konnten und Hals über Kopf in den Wald flohen. Geld und Ring ließen sie in der Eile liegen. Das kam Juris gerade recht. Schnell raffte er alles zusammen, hob den Ring auf und begann, die Münzen zu zählen. In seinem Kopf malte er sich bereits aus, was er wohl mit dem Geld machen würde.

Plötzlich aber stand Janis in der Kapelle: »Was tust du hier, Juris, gib mir schnell meinen Groschen zurück!«

»Schau nur, Janis, hier sind 3000 Rubel für dich und hier sind 3000 für mich. Gott hat sie uns an diesem Sonntagmorgen geschenkt«, erwiderte Juris.

Mit Freuden nahm Janis die 3000 Rubel entgegen. Dann aber bat er um den Groschen, um dessentwillen er bereits zweimal sieben Werst gelaufen war. Juris aber sagte: »Nun hast du schon so viel Geld bekommen, wie kannst du noch mehr wollen?«

Janis aber beharrte auf seinem Groschen: »Eben hast du noch gesagt, dass die vielen tausend Rubel ein Gottesgeschenk seien. Meinen Groschen aber hast du mir noch nicht zurückerstattet.«

Schließlich kam es zu einem lautstarken Zank zwischen den beiden.

Die Räuber im Wald jammerten unterdessen hinter ihrem verlorenen Geld her. Der Mutigste sollte, so hatten sie es besprochen, zurückgehen und nachsehen, ob denn wirklich noch mehr Tote auferstanden seien. Ganz vorsichtig schlich sich der mutigste der Räuber heran. Aus der Kapelle drang ihm ein großes Gepolter entgegen. Der Räuber, der genau wissen wollte, wie viele Tote auferstanden waren, streckte den Kopf durch das kleine Fenster und sah, wie furchtbar drinnen gekämpft wurde und dass es immer nur um einen Groschen ging. Gerade als er den Kopf zurückziehen wollte, wurde ihm die Mütze vom Kopf gerissen, und er hörte nur noch die Worte: »Hier hast du eine Mütze für den Groschen.«

Der Schreck fuhr dem Räuber durch alle Glieder. Schnaufend und atemlos kehrte er zu seinen Miträubern zurück und stammelte, dass ein ungeheurer Haufen von Toten auferstanden sei. Es seien so viele, dass für jeden nur ein Groschen aus der Beute übriggeblieben sei. Einer habe sogar überhaupt nichts abbekommen, deswegen hätten sie ihm auch die Mütze vom Kopf gerissen und sie demjenigen gegeben, der leer ausgegangen sei, damit er sich endlich zufrieden gäbe. Als die Räuber solches vernommen hatten, liefen sie voller Angst in alle Richtungen davon und wurden in der Gegend fortan nicht mehr gesehen.

Märchen aus Lettland

Die Anleihe

Ein Bauer im Riesengebirge war mit seinem Weib und sechs Kindern so verarmt und durch Unglücksfälle so heruntergekommen, dass er oft nicht wusste, wo er Brot für die Seinigen hernehmen sollte.

Eines Tages sagte er zu seiner Frau: »Du hast ja jenseits der Berge reiche Vettern. Ich will hin, vielleicht lenkt Gott einem unter ihnen das Herz, dass er mir hundert Taler auf Zinsen leiht. Mit diesem Geld könnten wir uns aus unserer großen Not wieder aufhelfen.«

»Das gebe Gott!« sagte die Frau mit schwacher Hoffnung, denn sie kannte ihre Vettern, die nach ihr und den Ihren niemals gefragt hatten.

Am nächsten Morgen sehr früh machte sich der Bauer auf den Weg und schritt rüstig den ganzen Tag zu, bis er des Abends müde und matt zu den Vettern kam. Unter Tränen klagte er ihnen seine Not und flehte um ihre Hilfe. Aber überall wurde er mit harten, bitteren Worten abgewiesen und musste viele spitzige Reden hören von leichtsinniger Wirtschaft oder wie der in der Not habe, der in der Zeit spare, und noch dergleichen mehr.

Traurig und niedergeschlagenen Herzens machte er sich auf den Rückweg, und als er wieder ins Gebirge kam, überfielen ihn Gram und Angst mit großer Gewalt. Er hatte den Arbeitslohn von zwei Tagen verloren und fühlte sich so entkräftet, dass er wohl auch am dritten Tage nicht hätte arbeiten können. Zu Hause aber erwarteten ihn das abgehärmte Weib und die hungrigen Kinder, und er brachte ihnen nur leere Hände. Kein Geld, kein Brot – oh, wie sollte sein Herz all den Jammer ertragen?

Der arme Mann sann hin und her, wie er Hilfe schaffen könne. Da fielen ihm die Geschichten vom Berggeist ein. »Ich will mich an ihn wenden«, sagte er, »vielleicht, dass meine Bitten Gehör finden.« Darauf rief er laut: »Rübezahl! Rübezahl!«, und alsbald stand ein rußiger Köhler mit wildem, struppigem Bart, glühenden Augen und einem mächtigen Schürbaum in der Hand vor ihm. Der Bauer zweifelte keinen Augenblick, dass dies der Berggeist sei, und fasste all seinen Mut zusammen, um sein Anliegen vorzubringen.

»Ich habe Euch nicht aus Mutwillen gerufen«, begann er, »sondern aus Not und Verzweiflung. Zu Euch, lieber Herr vom Berge, habe ich das Zutrauen, dass Ihr mir aus meiner Angst helfen werdet.« Nun erzählte er ihm von seinem Weib und seinen Kindern und auch von den unbarmherzigen Vettern. Schließlich bat er ganz treuherzig, Rübezahl solle ihm die hundert Taler leihen, die er in drei Jahren mit Zinsen zurückzahlen wolle, dann sei ihm sogleich aus aller Not geholfen.

»Wie? Treibe ich Wucher? Ich bin doch kein Geldverleiher!« sagte der Berggeist zornig. »Gehe zu den Menschen, deinen Brüdern, und borge bei denen, soviel du bekommen kannst. Mich aber lasse in Ruhe, und rufe mich nicht wieder, wenn dir dein Leben lieb ist.«

Der Bauer ließ sich aber durch diese harte Rede nicht abschrecken und schilderte den Jammer und die unverschuldete Not seiner Familie auf das rührendste. »Wollt Ihr mir nicht helfen«, setzte er traurig hinzu, »so erzeigt mir wenigstens die Wohltat, mich mit Eurer Schürstange totzuschlagen, damit ich nur nicht länger das Elend der Meinigen, dem ich nicht abhelfen kann, sehen muss.«

Rübezahl sah den Bauern mit großen Augen an, hob dann die schwere Stange hoch in die Luft und schien ihn mit einem gewaltigen Streiche zerschmettern zu wollen. Da jener aber dem Schlag nicht auswich, hielt er inne und hieß den Bauern ihm zu folgen. Nun ging es landeinwärts durch dichtes Gestrüpp, bis sie in ein enges Felsental kamen, an dessen Ende sich eine finstere Höhle befand. Kein Strahl des Tageslichtes drang dort hinein, nur kleine blaue Flämmchen sprangen jetzt aus dem Boden auf und beleuchteten schauerlich die schwarzen Steinwände. Die Höhle enthielt außer einem eisernen Kasten nur eine offene Braupfanne voll blanker, neugeprägter Taler.

»Da nimm dir an Geld, was du brauchst, und wenn du schreiben kannst, magst du mir einen Schuldschein darüber ausstellen«, sagte Rübezahl. Er holte aus dem Kasten Papier und Schreibzeug hervor, wobei er sich um den Bauern gar nicht zu kümmern schien, der indes mit großer Gewissenhaftigkeit hundert Taler abzählte und auch nicht einen mehr nahm. Dann schrieb er den Schuldschein, so gut er vermochte, und Rübezahl schloss diesen in den eisernen Kasten.

»Geh nun«, sagte der Berggeist, »und nütze das Geld gut. Merke dir auch den Eingang in dieses Felsental und vergiss den Zahlungstag nicht, ich bin ein gar strenger Schuldherr! Da hast du auch noch etwas für deine Kinder, was nicht auf dem Schuldschein steht.« Mit diesen Worten tat er einen tiefen Griff in die Braupfanne. Der erfreute Vater konnte das reiche Geschenk kaum mit beiden Händen fassen.

Dankbar verließ er nun den Berggeist und fand auch glücklich aus dem engen Felsental heraus. Er versuchte, sich den Eingang genau zu merken, und ging, von der Freude gestärkt und beflügelt, seiner Heimat rüstig zu.

Das Weib saß traurig am Ofen, als er in die Stube trat. Sie wusste, wie wenig die Armut auf reiche Anverwandte rechnen dürfe, und hatte kaum den Mut, ihren Mann anzusehen, aus Furcht, die vereitelte Hoffnung auf seinem Gesicht zu lesen. Wie schlug ihr aber das Herz vor frohem Schreck, als der Bauer den Quersack öffnete und daraus Fleisch und Wurst, Weißbrot und Brezeln für die Kinder nahm. All dies hatte er in der Stadt für sie gekauft.

»Deine Vettern«, sagte er zu der erstaunten Frau, »haben mich nicht nur sehr freundlich aufgenommen, sondern mir auch bereitwillig das Geld geliehen, um das ich sie gebeten.«

Da staunte das Weib noch mehr und pries in ihrem Herzen den guten Gott im Himmel, der die Herzen der Menschen lenkt wie Wasserbäche.

Nun kam ein neues Leben in die gesunkene Hauswirtschaft des Bauern. Es wurde frisches Saatgut gekauft, der Acker ordentlich bestellt und noch zwei Kühe angeschafft. Es lag ein sichtliches Gedeihen auf dem Gelde des Berggeistes. Ja bald vermehrte sich das kleine Gut noch um eine schöne Wiese und ein Weizenfeld um das andere. Man fand nun weit und breit keinen fleißiger bearbeiteten Acker, nirgends schöneres und nutztragenderes Vieh, und der tätige Landwirt konnte schon bald bares Geld zurücklegen.

So war indes der Zahlungstag herangekommen. Da sagte des Morgens der Bauer zu Frau und Kindern: »Zieht nun eure besten Kleider an, der Hans mag die Pferde anspannen, wir wollen den Vettern das Geld selbst wieder heimbringen, das sie mir vor drei Jahren geborgt haben.«

Das war keine geringe Freude für die Kinder, und auch der Mutter war es lieb, dass sie nun ihren Wohlstand den guten Vettern würde zeigen können. Als sie ins Riesengebirge kamen, ließ der Bauer an einer schönen Stelle halten und stieg dann mit den Seinigen aus, teils um es den Pferden leichter zu machen, teils auch um den Kindern einen schattigen Weg zu zeigen. Es fiel aber allen auf, dass der Vater sich immer sorgfältiger umschaute, je tiefer sie in den Wald kamen. Die Frau fragte daher besorgt: »Wir sind wohl vom rechten Weg abgekommen?«

Da erzählte er ihr und den Kindern erst, wie schnöde ihn die Vettern abgewiesen hatten, dagegen aber der Berggeist sich seiner erbarmt und ihm geholfen habe. Anfänglich erschraken sie, als sie hörten, dass Rübezahl dem Vater das Geld geliehen hatte, aber da dieser ihnen klarmachte, wie glücklich der gefürchtete Berggeist sie alle gemacht habe, verlor sich allmählich jede Bangigkeit.

Darauf ging der Bauer ganz allein weiter, um den Eingang in das Felsental zu suchen, aber obgleich er genau wusste, dass er an der rechten Stelle war, konnte er ihn doch nicht mehr finden. Er schüttelte das Geld im Beutel, damit Rübezahl erscheinen möchte und er ihm das geliehene Gut zurückstellen könne, aber es erschien niemand. Ganz niedergeschlagen kam er endlich zu seiner Frau und den Kindern zurück, setzte sich zu ihnen und wartete viele Stunden lang. Er rief den Berggeist in seiner Ungeduld mit dem Namen, mit dem er sich selten ungestraft nennen ließ, und da Rübezahl auch darauf nicht erschien, beschloss er, das Geld unter ein Felsstück zu legen, dort werde es der Herr der Berge schon finden, dachte er. Eben als er diesen Entschluss ausführen wollte, erhob sich ein heftiger Wirbelwind. Staubwolken und dürres Laub flogen von dem Wege auf, und die Kinder haschten vor langer Weile nach einem Blatt Papier, das vom Wind immer an ihren Füßen hin und her gejagt wurde. Einer der Knaben warf endlich seine Mütze darauf, und da es ein so schönes, weißes Papier war, brachte er es dem Vater. Wie sehr erstaunte dieser aber, als er seinen eigenen Schuldschein erkannte, unter welchem mit großen Buchstaben geschrieben stand:

»Zu Dank erhalten.«

»Nun weiß es doch mein Wohltäter, dass ich ehrlich Wort gehalten habe und meine Schuld dankbar abtragen wollte«, rief der Bauer voll Freude, »und das ist mir weit lieber als das geschenkte Geld. Auf den Rübezahl aber soll mir nur einer ein übles Wort reden, der hat's mit mir zu tun. Ohne ihn wäre ich vergangen in Not und Trübsal.«

Jetzt wollte er den Wagen aufsuchen und wieder heimfahren, aber die Frau bat so lange, bis er mit ihr zu den geizigen Vettern fuhr, um diese für ihre Hartherzigkeit recht zu beschämen. Aber als sie in das Dorf kamen, waren diese nicht mehr zu finden. Einer von ihnen war gestorben und der andere wegen einer Betrügerei von seinem Gehöft vertrieben.

Hochmut und Unbarmherzigkeit kamen bei ihnen vor dem Fall. Unser Bauer aber blieb arbeitsam und einfach, führte ein stilles, friedliches Leben und half überall seinen Nächsten gern. Dafür wurde er täglich mehr geliebt und verehrt in der ganzen Gegend, und sein Wohlstand mehrte sich stetig. Noch heute leben seine Nachkommen auf dem Grunde dieses Wohlstandes im Gebirge ihr einfaches, gerechtes Leben.

Märchen aus Böhmen

Frau Glück und Herr Geld

Frau Glück und Herr Geld waren ineinander so verliebt und lebten so unzertrennlich, dass man nie die eine ohne den anderen sah. Natürlich fingen die Leute an, dies Verhältnis zu tadeln, und beide beschlossen deshalb, sich ehrlich zu heiraten.

Herr Geld war ein kleiner dicker Mann mit einem runden Kopf aus peruanischem Golde, einem runden Bauch aus mexikanischem Silber und runden Beinen aus segovianischem Kupfer, mit Papierschuhen aus der großen Fabrik von Madrid. Frau Glück dagegen war eine kapriziöse, hirnlose, unbeständige und unverschämte, eigensinnige Frau, dabei blind wie ein Maulwurf.

Kaum hatte das neue Ehepaar die Flitterwochen verlebt, als es auch schon mit dem Hausfrieden vorbei war. Die Frau wollte befehlen, und der stolze und aufgeblasene Herr Geld wollte sich nicht befehlen lassen.

Wie nun beide die Oberhand behalten wollten und keiner dem anderen nachgeben mochte, so kamen sie endlich überein, dass eine Probe über die streitige Herrschaft entscheiden sollte. »Also«, sagte die Frau zu ihrem Mann, »siehst du dort am Fuß des Olivenbaumes jenen armen Mann, der so elend und betrübt dasitzt? Wir wollen sehen, wer ihm eine bessere Lage verschafft, du oder ich!«

Herr Geld ging darauf ein, und sie machten sich auf den Weg, er rollend, sie mit einem Sprung.

Der arme Mann, der immer unglücklich gewesen war und weder Glück noch Geld je vor Augen gehabt hatte, machte Augen so groß wie Oliven, als er die vornehmen Herrschaften vor sich sah.

»Gott grüß euch!« sagte Herr Geld.

»Euch auch«, entgegnete der arme Mann. »Kennt Ihr mich nicht?«

»Ich kenne Euer Gnaden nur, um Ihr zu dienen.«

»Nie hast du mein Gesicht gesehen?« fragte Herr Geld erstaunt.

»In meinem ganzen Leben nicht.«

»Wieso? Besitzt du denn gar nichts?«

»O doch, Herr. Ich habe sechs Kinder, so nackt, wie sie auf die Welt kamen, und mit hungrigen Mäulchen so weit wie alte Strümpfe. Aber was die Einnahmen betrifft, so haben wir nur dann etwas zu essen, wenn ich arbeite.«

»Und warum arbeitest du nicht?«

»Nun, weil ich keine Arbeit finde. Das Glück meldet mich, so dass alles, was ich beginne, sich zu meinem Schaden wendet. Seitdem ich mich verheiratet habe, scheint mein Weg verdorrt, trocken und tot zu sein.«

»Ich will dir zu Hilfe kommen«, sagte Herr Geld, indem er generös einen Duro aus seiner Tasche zog und ihm das Geld gab.

Dem armen Mann schien das wie ein Traum, und er lief schneller als der Wind geradewegs zu einem Bäckerladen, um Brot zu kaufen. Als er aber das Geldstück aus seiner Tasche ziehen wollte, fand er nichts als ein großes Loch, durch welches sich der Duro, ohne Abschied zu nehmen, davongemacht hatte. Der arme Mann war ganz außer sich und fing an zu suchen, fand aber nichts. Kein Hirte, sagt ein Sprichwort, kann ein Lamm retten, wenn es dazu bestimmt ist, im Rachen des Wolfes zu sterben. Nach dem Duro verlor er seine Zeit durch das Suchen, nach der Zeit die Geduld, und dann fing er an, sein Schicksal zu verwünschen.

Frau Glück wollte sich indes schier ausschütten vor Lachen über dieses Ungeschick. Herr Geld, dessen Gesicht vor Ärger noch gelber wurde, als es ohnehin schon war, blieb nichts anderes übrig, als die Hand noch einmal in die Tasche zu stecken und dem armen Mann eine schöne Goldmünze zu geben. Dieser freute sich über die Maßen und ging geradewegs zu einem Kaufladen, um für seine Frau und die Kinder einzukaufen. Als er dort mit seinem Goldstück bezahlen wollte, sagte der Kaufmann, die Münze sei falsch und er sei wohl gar ein Falschmünzer, den man vor Gericht verklagen müsse. Vor Scham und Verlegenheit wurde der arme Mann feuerrot. Schnell rannte er zu Herrn Geld und erzählte ihm unter Tränen, was ihm soeben widerfahren war. Frau Glück lachte diesmal noch lauter, und Herr Geld wurde immer wütender. »Du hast wahrlich rechtes Unglück«, sagte er zu dem armen Mann, indem er ihm zweitausend Realen aushändigte. »Dies muss dir jetzt aber aus der Not helfen, sonst ist meine Macht für immer verloren.«

Der arme Mann nahm das Geld und entfernte sich. Er war so außer sich vor Freude, dass er die Räuber erst bemerkte, als sie ihn bereits umstellt hatten. Sie zogen ihn aus, nahmen ihm alles weg und ließen ihn nackt und verzweifelt zurück.

Als Herr Geld dies erfuhr, war er vor Zorn sprachlos. Frau Glück machte ihrem Mann eine lange Nase und meinte: »Nun bin ich an der Reihe, und wir werden sehen, wer von uns beiden mehr kann.«

Mit diesen Worten näherte sie sich dem armen Mann, der auf der Erde lag und sich die Haare raufte. Sie beugte sich zu ihm herab und pustete ihn bloß leicht an. Da öffnete er die Augen und erblickte direkt neben seiner Hand den verlorenen Duro, und einige Schritte weiter fand er seine Hose, die die Räuber weggeworfen hatten. »Das ist doch immerhin etwas«, sagte er zu sich selbst. »Nun kann ich wenigstens Brot für meine Kinder kaufen.«

Als er an dem Kaufladen vorbeikam, rief ihn der Kaufmann und sagte: »Lieber Mann, verzeiht mir! Ich hatte Eure Goldmünze für falsch gehalten, aber als ich sie dann prüfen ließ, sagte man mir, dass das Gold ganz echt und das Gewicht vollkommen in Ordnung sei. Hier habt Ihr die Münze wieder, und die gekauften Sachen schenke ich Euch obendrein.«

Damit war der arme Mann zufrieden und zog mit seinem Goldstück und den Sachen weiter. Als er über den Marktplatz ging, begegnete er einer Abteilung Gendarmen, die gefangene Räuber zum Richter führten. Der arme Mann erkannte in den Verhafteten diejenigen, die ihn überfallen hatten, und schloss sich der Gruppe an. Der Richter war ein weiser und gerechter Mann und ordnete an, dem armen Mann sein Geld ohne Abzug zurückzugeben.

Der nun schon nicht mehr ganz so arme Mann kaufte sich von seinem Geld ein Stück Land mit einer Erz-Mine und fing an zu graben. Kaum drei Ellen tief hatte er die Erde ausgehoben, da fand er eine starke Goldader, eine Silberader und eine Eisenader. Nun war er ein reicher Mann, der Don genannt wurde. Bald darauf sprachen ihn die Leute gar mit »Euer Gnaden« und zuletzt mit »Exzellenz« an.

So trug also Frau Glück den Sieg davon und brachte ihren Mann, Herrn Geld, unter den Pantoffel. Seitdem ist sie noch ausgelassener, unbeugsamer und kapriziöser als je zuvor und teilt ihre Gunst aus wie ein Blinder seine Prügel.

Märchen aus Spanien

Der Klang des Geldes

Während Till Eulenspiegel für längere Zeit in einer Herberge in Köln wohnte, geschah es einmal, dass das Essen zu spät aufs Feuer gesetzt wurde. Dadurch ging es schon stark auf Mittag zu, aber das Mahl war noch nicht zubereitet. So lange fasten zu müssen, missfiel Eulenspiegel sehr. Der Wirt, der ihm ansah, dass ihn dies verdross, sprach zu ihm: »Wer nicht warten kann, bis das Mahl fertig ist, der mag essen, was er hat.« Till ging in die Küche und aß eine alte, trockene Semmel. Dabei setzte er sich an den Herd und beträufelte den Braten, bis er gar war.

Als es zwölf Uhr schlug, wurde endlich der Tisch gedeckt und der Braten aufgetragen. Der Wirt setzte sich zu seinen Gästen, Eulenspiegel jedoch blieb in der Küche am Herd sitzen. Da kam der Wirt zu ihm und sprach: »Was ist, willst du nicht zu Tisch sitzen und mit uns speisen?«

»Nein!« erwiderte Eulenspiegel. »Ich mag nichts mehr essen, denn ich bin bereits vom Geruch des Bratens satt geworden.«

Der Wirt schwieg und ging wieder zu seinen Gästen, um mit ihnen zu essen. Nach der Mahlzeit bezahlten die Gäste ihre Zeche. Einige von ihnen verabschiedeten sich und wanderten weiter, andere blieben noch, und Eulenspiegel saß weiter am Feuer. Da kam der Wirt mit dem Zahlbrett und sagte zornig zu Eulenspiegel, dass er nun auch zwei kölnische Weißpfennige für das Mahl bezahlen solle. Eulenspiegel meinte darauf: »Herr Wirt, was seid Ihr für ein Mann? Ihr könnt doch nicht Geld verlangen von einem, der Eure Speise nicht gegessen hat.«

Feindselig erwiderte der Wirt, dass er das Geld hergeben müsse. Auch wenn er nichts gegessen hätte, so wäre er doch vom Geruch des Bratens satt geworden, und das sei genauso, als hätte er an der Tafel gesessen und vom Braten mit gespeist. Da zog Eulenspiegel einen kölnischen Weißpfennig hervor, warf ihn auf die Bank und sprach: »Herr Wirt, hört Ihr diesen Klang?«

»Freilich«, antwortete der Wirt. »Diesen Klang hör' ich wohl.«

Schnell ergriff Eulenspiegel den Weißpfennig und steckte ihn wieder in seinen Säckel. Dann wandte er sich wieder dem Wirt zu und sagte: »Soviel Euch der Klang des Pfennigs nutzt, soviel nützt mir der Geruch des Bratens in meinem Bauch.«

Der Wirt wurde unwirsch, denn er wollte unbedingt den Weißpfennig haben. Eulenspiegel dachte nicht daran, ihm den zu geben, und schlug vor, das Gericht darüber entscheiden zu lassen. Davon wollte der Wirt nichts wissen, gab die Sache auf und ließ den Schelm im Guten seines Weges ziehen.

Schwank aus Deutschland

Adamantina

Es lebte einst eine arme alte Frau, die hatte zwei Töchter, Cassandra und Adamantina. Als sie merkte, dass es ans Sterben ging, ordnete sie ihre Angelegenheiten und nahm ihren Töchtern das Versprechen ab, weiterhin einträchtig und zufrieden miteinander zu leben. Aufgrund ihrer großen Armut konnte sie ihnen nur ein Kistchen voll Werg hinterlassen. Die beiden Töchter lebten zwar arm und bescheiden, doch zeichneten sie sich durch Reichtum an Sittsamkeit und Tugend aus und brauchten den Vergleich mit anderen Frauen nicht zu scheuen.

Um sich von ihrer Hände Arbeit zu ernähren, begann die ältere Schwester Cassandra das Werg zu spinnen. Als sie eine Menge Garn fertiggestellt hatte, schickte sie ihre Schwester damit auf den Markt, um es zu verkaufen und vom Erlös Brot zu erstehen. Adamantina gehorchte und ging zum Markt. Dort, in der Mitte des Platzes, traf sie eine alte Frau, die eine solch wunderschöne, wohlgestaltete Puppe hatte, wie sie niemals zuvor eine gesehen hatte. Augenblicklich war sie in diese Puppe verliebt und begehrte sie so sehr, dass sie nur noch daran dachte, wie sie in ihren Besitz gelangen könnte. Sie überlegte lange hin und her und kam zu dem Schluss, sie könne ja versuchen, das Garn gegen die Puppe einzutauschen. Sie näherte sich der Alten und sagte zaghaft: »Signora, wenn es Ihnen nichts ausmacht, würde ich gerne mein Garn hier gegen die Puppe eintauschen.« Als die Alte dieses schöne junge Mädchen sah und spürte, wie dies sein sehnlichster Wunsch war, konnte sie nicht anders: Sie nahm das Garn und überreichte ihr die Puppe. Sobald Adamantina die Puppe in ihren Armen hielt, durchströmten sie Zufriedenheit und Glück wie nie zuvor.

Als sie zu Hause eintraf, fragte Cassandra sofort: »Hast du das Garn verkauft?«

»Ja!« antwortete Adamantina.

»Nun, wo ist das Brot, das du dafür gekauft hast?«

Da öffnete Adamantina ihren Mantel und zeigte ihrer Schwester die Puppe, die sie eingetauscht hatte. Als Cassandra, die schon glaubte, vor Hunger sterben zu müssen, die Puppe sah, geriet sie dermaßen in Wut, dass sie ihre Schwester bei den Haaren ergriff und heftig verprügelte. Adamantina ertrug ergeben die Schläge und ging dann mit ihrer Puppe auf ihr Zimmer. Am Abend nahm sie die Puppe zärtlich wie eine Mutter in ihre Arme und setzte sich mit ihr ans Feuer. Sie nahm etwas Lampenöl, salbte ihr den Bauch und die Lenden, wickelte sie in Tücher und legte sich mit ihr ins Bett. Adamantina war kaum im ersten Schlummer, da begann die Puppe zu schreien: »Mama, Mama, ich muss kacken!«

Adamantina fragte sie schlaftrunken: »Was hast du, meine Tochter?«

»Ich muss kacken!« antwortete die Puppe.

»Warte einen Moment, meine Tochter!« sagte Adamantina und erhob sich. Sie nahm die Schürze, die sie tagsüber getragen hatte und breitete sie unter der Puppe aus und sagte: »Jetzt erleichtere dich, mein Kind.«

Da erleichterte sich die Puppe und ließ bare Goldmünzen auf die Schürze fallen. Sofort weckte Adamantina ihre Schwester, um ihr zu zeigen, was die Puppe gemacht hatte. Cassandra sah mit Erstaunen die große Anzahl der Goldstücke und dankte Gott, dass er sie nicht vergessen hatte. Sie wandte sich ihrer Schwester zu und bat sie um Verzeihung für die ungerechten, harten Schläge. Darauf nahm sie die Puppe in ihre Arme und begann sie zärtlich zu liebkosen und zu küssen.

Die Tage verstrichen, und die beiden Schwestern konnten ihr Heim nun mit allem ausstatten, was zu einem wohlgeordneten

Hausstand gehört: Brot, Wein, Öl, Holz und vieles mehr. Jeden Abend salbten sie der Puppe Bauch und Lenden, breiteten Tücher unter ihr aus und fragten sie, ob sie nicht kacken müsse. Sie antwortete stets »Ja!« und füllte die Tücher mit Geld.

Eines Tages kam eine Nachbarin zu Besuch, die sich nicht erklären konnte, womit die Schwestern ihren Lebensunterhalt bestritten. Eigentlich müssten sie doch arm sein, dachte sie, und nun sah sie, dass alles reichlich vorhanden und in bestem Zustand war. Sie sann nun ohne Unterlass darüber nach, wie man denn so plötzlich zu solch großem Wohlstand gelangen könne. Dies ließ ihr keine Ruhe, und darum ging sie einige Tage später wieder zu den Schwestern und fragte rundheraus: »Liebe Mädchen, wie kommt es, dass ihr euren Hausstand in kurzer Zeit so tadellos herrichten konntet? Ich weiß doch, dass ihr arm seid!«

Cassandra antwortete: »Nun, wir haben ein Pfund Garn gegen eine Puppe, die uns Geld schenkt, eingetauscht.«

Da wurde der Neid im Herzen der Nachbarin so übermächtig, dass sie beschloss, die Puppe zu rauben. Nach Hause zurückgekehrt, erzählte sie alles sogleich ihrem Mann, der Mühe hatte, diese Geschichte zu glauben. Doch sie überzeugte ihn und erklärte ihm ihren Plan: »Du musst dich eines Abends betrunken stellen und mich mit deinem Schwert bedrohen. Ich rette mich aus Todesangst auf die Straße, worauf die Schwestern mich voller Mitleid für die Nacht aufnehmen werden. Wenn dann alle schlafen, sollte es mir möglich sein, die Puppe zu entwenden.«

Am Abend wütete der Ehemann dieser ehrenwerten Dame tatsächlich mit seinem Schwert, donnerte es gegen die Wand und verfolgte seine flüchtende, laut kreischende Frau. Vom Lärm aufgeschreckt, schauten die Schwestern aus dem Fenster und öffneten, als sie die Situation erkannten, der Nachbarin die Tür. Natürlich waren sie bereit, ihr Zuflucht in ihrem Hause zu gewähren, doch fragten sie sie, warum ihr Mann sie in solcher Wut verfolgt hatte.

Sie jammerte, dass er in volltrunkenem Zustand nicht mehr gewusst hätte, was er tat, und als sie ihm Vorwürfe gemacht hätte, habe er sein Schwert gezückt und sei auf sie losgestürmt. »Was hätte ich anderes tun sollen, als zu flüchten und bei euch Zuflucht zu suchen?«

»Das war richtig gehandelt!« sagten die Schwestern. »Bleibt heute Nacht bei uns, hier wird Euch nichts geschehen. Die Trunkenheit Eures Mannes verflüchtigt sich schon von selbst wieder.«

Da es gerade Abendbrotzeit war, speisten sie zusammen. Dann salbten sie die Puppe und begaben sich zur Ruhe. Etwas später rief die Puppe wieder ihr: »Mama, ich muss kacken!« Die Nachbarin beobachtete aufmerksam das nun folgende Ritual und konnte es kaum abwarten, die Puppe zu stehlen. Mitten in der Nacht erhob sie sich heimlich und nahm die Puppe, von den tief schlafenden Schwestern unbemerkt, an sich. Am Morgen meinte sie, ihr Mann habe ja nun wohl seinen Rausch ausgeschlafen und verabschiedete sich von den Schwestern. Sobald sie zu Hause eingetroffen war, sagte sie glückstrahlend zu ihrem Mann: »Nun haben wir unser Glück gemacht. Schau hier, das ist die Puppe, von der ich dir erzählt habe. Lass uns mit Freude die Nacht abwarten, die uns reich machen wird.«

Abends entfachte sie ein gemütliches Feuer, nahm die Puppe, salbte ihr Bauch und Lenden, hüllte sie in schöne Tücher und legte sich mit ihr ins Bett. Wie erwartet, erwachte die Puppe nach einer Welle und rief: »Signora, ich muss mal!« Sie rief nicht Mama, denn sie kannte diese Frau nicht. Sogleich erhob sich die Signora, die nur auf diesen Moment gewartet hatte, nahm ein großes Wäschestück und breitete es unter ihr aus mit den Worten: »Kack nur, meine Tochter.« Die Puppe strengte sich nach Kräften an und füllte das Tuch mit unvorstellbaren Mengen stinkenden Kots. Der Ehemann ereiferte sich: »Du bist doch zu dumm. Schau nur, wie sie dich für deine Mühe belohnt. Und ich habe diesen Unsinn auch noch geglaubt.«

Aber die Frau beteuerte widerborstig, dass sie schließlich mit eigenen Augen gesehen habe, wie die Puppe viel Geld hervorbrachte. Der Mann hatte die Nase so voll von der Sache, dass er unter wüsten Beschimpfungen gegen seine Frau die Puppe ergriff und aus dem Fenster warf. Sie landete auf einem Misthaufen, den einige Bauern gerade auf einen Wagen verluden. So gelangte die arme Puppe unbemerkt auf ein freies Feld, wo der Mist als Dünger ausgebracht wurde.

Zur gleichen Zeit befand sich der König des Landes in dieser Gegend auf der Jagd. Als die Jagdgesellschaft an dem Feld vorbeiritt, verspürte der König das dringende Bedürfnis, sich zu erleichtern. Er stieg vom Pferd und erledigte sein »Geschäft«, doch hatte er nichts dabei, sich zu reinigen. Also wurde ein Diener losgeschickt, etwas Geeignetes zu suchen. Wie es der Zufall wollte, fand dieser auf dem Feld zwischen dem Mist die Puppe, die er sofort dem König brachte. Ohne Zögern ergriff der König die Puppe, um sich damit zu säubern. Doch im nächsten Augenblick schrie er laut auf, da sich die Puppe in seine Hinterbacken verbissen hatte. Alle Diener und Begleiter liefen zusammen, um dem König, der vor Schmerz gekrümmt am Boden lag, zu helfen. Wie staunten sie über diese Puppe, die ihn so quälte, und sie begannen, an ihr zu zerren. Doch je mehr sie zogen und rissen, desto mehr litt der König. Es fand sich keiner, der die Puppe von des Königs Hintern lösen konnte. Ja einmal biss sie ihn dermaßen in die Hoden, dass er am hellen Tage die Sterne des Himmels sah.

Man brachte den König mitsamt der Puppe am Hintern zurück in sein Schloss. Da keiner Rat noch Hilfe wusste, verkündete er laut, dass er demjenigen dem es gelänge, die Puppe von seinem Hintern zu lösen, ein Drittel seines Königreiches abgeben würde. Und falls es sich um eine Jungfrau handle, würde er sie heiraten.

Dies wurde im ganzen Land verkündet. Nach und nach erschienen viele, ihr Glück zu versuchen, doch Erfolg hatte keiner. Im Gegenteil! Sobald sich jemand dem König näherte, fügte die Puppe ihm noch mehr Schmerzen zu, so dass der arme König bald ganz verzweifelt und ohne Hoffnung war.

Eines Tages erfuhren Cassandra und Adamantina, die unterdessen um ihre Puppe viel geweint und getrauert hatten, von dieser Bekanntmachung. Sie begaben sich geradewegs zum Schloss und ließen sich dem König melden. Cassandra begann, die Puppe mit größtmöglicher Zärtlichkeit zu umschmeicheln, aber diese biss fester zu, krallte gar mit den Händen und vergrößerte noch des Königs Pein. Adamantina hatte sich bisher zurückgehalten, doch nun trat sie herzu und sagte: »Majestät, lasst mich mein Glück versuchen.«

Sie beugte sich über die Puppe und sagte: »Nun, meine Tochter, lass meinen Herrn in Frieden und quäle ihn nicht länger!« Mit diesen Worten griff sie zärtlich nach ihr. Die Puppe erkannte ihre kleine Mutter, die sie liebevoll umsorgt hatte, löste sich von den Hinterbacken des Königs und warf sich Adamantina in die Arme.

Der König war erstaunt und erleichtert zugleich, aber erst einmal begab er sich zur Ruhe, denn die Schmerzen, die er erleiden musste, hatten ihn seit Tagen kaum Schlaf finden lassen.

Als er sich erholt hatte, schickte er nach Adamantina, denn er wollte sein Versprechen einlösen. Er sah jetzt, von welch großer Schönheit und Anmut sie war, und nahm sie mit Freuden zur Frau. Auch sorgte er dafür, dass sich bald darauf ihre Schwester Cassandra ehrenwert verheiraten konnte. Alle lebten nun lange Zeit glücklich und zufrieden zusammen.

Die Puppe aber, nachdem sie die prachtvollen Hochzeiten der Schwestern miterlebt hatte und so deren glänzende Zukunft durch ihr schicksalhaftes Wirken gesichert wusste, verschwand eines Tages spurlos. Und niemals wieder hat man etwas von ihr gehört.

Märchen aus Italien

Die Belohnung des Gurus

Es war einmal ein Barbier, der hatte eine Büffelkuh. Die führte er täglich zum Teich und ließ sie darin baden. Eines Tages, als er sie wieder badete und sorgfältig abrieb, sah er, wie am Ufer ein Asket dreißig Goldstücke nachzählte, sie in eine Börse tat und diese in seinem Haarknoten auf dem Kopf versteckte.

Schnell brachte der Barbier seine Kuh nach Hause, band sie dort an und ging wieder zu dem Asketen. Er grüßte ihn ehrfürchtig und sagte: Verehrungswürdiger! Es würde mich sehr glücklich machen, wenn Ihr heute Abend in meine elende Hütte kämet. Bis jetzt habe ich noch keinen Guru und meine Frau auch nicht. Deshalb macht mich zu Eurem Schüler und bringt dadurch Erfolg in mein jetziges Leben. Wir beide werden für das heilige Wasser Eures Fußbades dankbar sein.«

Der Asket erwiderte: »Mein Sohn! Wenn du bereit bist, mir zwei Goldstücke als Belohnung zu geben, kann ich dich zu meinem Schüler machen.«

Der Barbier gab höchst demütig zur Antwort: »Vater! Ich bin einverstanden. Wann hätte ich schon noch einmal ein solches Glück, einen solchen Erleuchteten wie Euch zu treffen! Was sind schon zwei Goldstücke im Vergleich zur Berührung Eurer lotosgleichen Füße!«

Danach warf sich der Barbier die Tasche des Asketen über die Schulter und ging los. Der Asket lief, mit seinen hölzernen Sandalen klappernd, hinter ihm her.

Als sie im Haus des Barbiers angekommen waren, wuschen der Barbier und seine Frau die Füße des Asketen mit großer Hingabe in einer Schüssel. Zum Essen setzten sie ihm die verschiedensten Speisen vor.

Nach dem Essen legte sich der Asket auf ein Bett. Die Barbiersfrau massierte ihm die Beine. Der Asket freute sich sehr über die Hingabe seines Schülers. In der Nacht schlief er tief und fest.

Als es Morgen geworden war und der Asket gehen wollte, verlangte er seine Belohnung. Der Barbier gab seiner Frau den Schlüssel zur Truhe und sagte zu ihr: »In der Truhe liegen dreißig Goldstücke. Geh, hole zwei von ihnen und gib sie unserem Guru. Dann berühre seine Füße und lass dich segnen! Wenn dir der Guru gnädig gesonnen ist, wird dein Schoß fruchtbar werden.«

Die Barbiersfrau nahm den Schlüssel, ging und öffnete die Truhe. Doch wie sehr sie auch überall suchte, Geld fand sie keines. Sie kam zurück und sagte das. Der Barbier wurde böse auf seine Frau und schalt sie: »Was redest du da! Wo sollen denn die Goldstücke hingekommen sein? Sind sie vielleicht weggeflogen? Ich habe sie selber nachgezählt und in die Truhe gelegt.«

Der Barbier ging selber, suchte eine Welle in der Truhe herum, kehrte dann zurück und schrie seine Frau bitterböse an: »Das Geld war in der Truhe. Ich habe die dreißig Goldstücke eigenhändig dort hineingetan. Das ist alles deine Hinterlist. Du wirst sie irgendwo versteckt haben und willst sie bei der nächsten Gelegenheit deinem Vater und deinem Bruder geben. Ich werde dich durchsuchen müssen.«

Danach durchsuchte der Barbier seine Frau, aber Goldstücke fand er keine. Da sagte der Barbier zu seiner Frau: »Du wirst begreifen, dass ich sie irgendwohin getan haben muss. Gut! Durchsuche mich!«

Die Barbiersfrau durchsuchte ihren Mann, aber die Goldstücke fanden sich nicht. Daraufhin wandte sich der Barbier an den Asketen: »Verehrungswürdiger! Meine Frau hat einen sehr misstrauischen Charakter. Deshalb lasst auch Ihr Euch durchsuchen, damit sie keinen Zweifel hegt!«

Der Asket stand schnell auf und sprach: »He! Was ist da schon dabei? Natürlich! Durchsuche auch mich!« Dabei schüttelte er seinen Lendenschurz.

Der Barbier forderte: »Der Haarknoten ist noch da. Macht den auch auf! Meine Frau ist sehr argwöhnisch.«

Zuerst zauderte der Asket. Doch was sollte er tun? Ihm blieb nichts weiter übrig, als den Haarknoten zu lösen, und da fiel die Börse mit den Goldstücken heraus. Der Barbier freute sich: »Seht nur, wie viel Wunderkraft der Verehrungswürdige hat! Er hat die verlorengegangenen Goldstücke wieder herbeigeholt. Bravo, Ehrwürdiger! Bravo!« Und zu seiner Frau gewandt: »Gut! Zähl das Geld nach! Sag mir, wenn es nicht vollzählig ist! Zwei der Goldstücke lege dem Verehrungswürdigen zu Füßen und bitte ihn um seinen Segen, damit sich dein leerer Schoß füllt!«

Als die Barbiersfrau die Goldstücke eins nach dem anderen gezählt hatte, waren es tatsächlich dreißig. Zwei legte sie dem Asketen zu Füßen. Der Barbier faltete die Hände und sprach: »Ehrwürdiger! Ihr habt mein Leben gerettet. Wenn Ihr wieder einmal hier vorbeikommen solltet, dann vergesst Euren Diener nicht!«

Ein Mann, der eine Niederlage erlitten hat und von einer Frau geschlagen wurde, sagt nichts. Also blieb auch der Asket stumm. Dann, als er sich zum Gehen umwandte, sagte er: »Mein Sohn! Bleibe glücklich! Bei den Menschen muss man sich vor den Barbieren und bei den Vögeln vor den Krähen hüten!«

Märchen aus Indien

Die Sterntaler

Es war einmal ein kleines Mädchen, dem war Vater und Mutter gestorben, und es war so arm, dass es kein Kämmerchen mehr hatte, darin zu wohnen, und kein Bettchen mehr, darin zu schlafen, und endlich gar nichts mehr als die Kleider auf dem Leib und ein Stückchen Brot in der Hand, das ihm ein mitleidiges Herz geschenkt hatte. Es war aber gut und fromm. Und weil es so von aller Welt verlassen war, ging es im Vertrauen auf den lieben Gott hinaus ins Feld.

Da begegnete ihm ein armer Mann, der sprach: »Ach, gib mir etwas zu essen, ich bin so hungerig.« Es reichte ihm das ganze Stückchen Brot und sagte: »Gott segne dir's«, und ging weiter. Da kam ein Kind, das jammerte und sprach: »Es friert mich so an meinem Kopfe, schenk mir etwas, womit ich ihn bedecken kann.« Da tat es seine Mütze ab und gab sie ihm. Und als es noch eine Welle gegangen war, kam wieder ein Kind und hatte kein Leibchen an und fror: gab es ihm seins; und noch weiter, da bat eins – ein Röcklein, das gab es auch von sich hin. Endlich gelangte es in einen Wald, und es war schon dunkel geworden, da kam noch eins und bat um ein Hemdlein, und das fromme Mädchen dachte: »Es ist dunkle Nacht, da sieht dich niemand, du kannst wohl dein Hemd weggeben«, und zog das Hemd ab und gab es auch noch hin.

Und wie es so stand und gar nichts mehr hatte, fielen auf einmal die Sterne vom Himmel und waren lauter harte blanke Taler; und ob es gleich sein Hemdlein weggegeben, so hatte es ein neues an, und das war vom allerfeinsten Linnen. Da sammelte es sich die Taler hinein und war reich für sein Lebtag.

Märchen der Brüder Grimm

Der reiche Peter Krämer

Es war einmal ein Mann, den nannten die Leute den reichen Peter Krämer, weil er früher im Lande Kramhandel getrieben und damit viel Geld verdient hatte, so dass er nun sehr reich geworden war. Dieser reiche Peter Krämer hatte eine Tochter, die ihm so wertvoll war, dass er alle Freier, die sich um sie bewarben, abwies, denn keiner erschien ihm gut genug für sie. Weil es nun allen so erging, kam schließlich keiner mehr. Da befürchtete Peter, denn die Jahre vergingen, das Mädchen könnte zuletzt sitzenbleiben. »Es wundert mich«, sprach er zu seiner Frau, »dass gar keine Freier mehr zu unserer Tochter kommen, da sie doch so reich ist. Das müsste sonderbar zugehen, wenn sich nicht doch einer finden sollte, der sie haben wollte, denn sie hat Geld und wird noch mehr bekommen. Ich glaube, ich muss mal zu den Sternguckern reisen und sie befragen, wen sie kriegen soll, denn hierher kommt ja niemand mehr.«

»Wie können die Sterngucker dir das sagen?« fragte die Frau.

»Oh, das lesen sie alles in den Sternen«, sagte der reiche Peter. Er steckte nun viel Geld ein, reiste zu den Sterndeutern und bat sie, in den Sternen zu schauen, welchen Mann seine Tochter bekommen solle. Die Sterndeuter sahen nach den Sternen, meinten aber, dass sie nichts sehen könnten. Peter bot ihnen viel Geld an, damit sie noch genauer hinschauen sollten. Die Sterndeuter blickten nun sehr viel genauer hin und sagten ihm, seine Tochter würde das Müllerkind heiraten, das gerade eben in der Mühle, nahe bei des reichen Peters Gehöft gelegen, zur Welt gekommen sei. Peter gab ihnen das versprochene Geld und reiste heim. Dort sagte er zu seiner Frau, es sei doch höchst ungereimt, dass seine

Tochter einen heiraten sollte, der eben erst geboren worden war und noch dazu einen von so geringem Stand.

»Es wäre doch sonderbar, wenn ich die Müllersleute nicht überreden könnte, mir ihren Buben zu verkaufen. Dann wollen wir ihn schon loswerden.«

»Ja, das mein' ich auch«, pflichtete die Frau ihm bei. »Es sind ja nur arme Leute.«

Peter Krämer ging zur Mühle und fragte die Müllersfrau, ob sie ihm nicht ihren Sohn für viel Geld verkaufen wolle. Nein, davon wollte sie durchaus nichts wissen.

»Ich verstehe nicht, warum du das nicht willst«, sagte Peter Krämer. »Bei euch ist doch nur die Armut zu Hause, und der Bube wird es euch nicht leichter machen.«

Aber sie wollte ihren Jungen nicht missen. Als gleich darauf der Müller eintrat, sagte Peter zu ihm dasselbe und bot ihm sechshundert Taler für den Buben. Dafür könnten sie sich ein Gehöft kaufen, sagte er, und hätten dann nicht mehr nötig, für die Leute zu mahlen oder zu hungern, wenn sie kein Mühlwasser hätten. Das schien dem Müller keine üble Aussicht. So sprach er mit seiner Frau darüber, und endlich bekam der reiche Peter den Buben. Die Mutter weinte und lamentierte zwar, doch tröstete Peter sie, er werde gut für den Jungen sorgen. Doch niemals dürften sie nach ihm fragen, denn er wolle ihn weit weg in fremde Länder schicken, wo er Sprachen und anderes mehr lernen könne.

Als Peter mit dem Kind nach Hause kam, ließ er einen Kasten anfertigen, den er innen mit Pech verklebte. Dann legte er den Müllerbuben hinein, drehte den Schlüssel einmal herum und schob dann den Kasten hinaus in den Fluss, wo dieser sogleich mit der Strömung davon trieb. Nun sind wir ihn los, dachte Peter Krämer.

Als aber der Kasten schon weit flussabwärts getrieben war, kam er zu dem Wasser einer anderen Mühle, geriet ins Mühlrad, worauf dieses stehen blieb. Der Müller kam, um nach der Ursache zu sehen, fand den Kasten und trug ihn ins Haus.

» Ich bin doch neugierig, was wohl in diesem Kasten sein mag«, sagte er zu seiner Frau. »Der ist ins Mühlrad geraten und hat die Mühle angehalten.«

»Nun, das können wir gleich erfahren«, meinte die Frau, »denn der Schlüssel steckt ja im Schloss. Mach es nur gleich auf!«

Sie öffneten den Kasten und fanden darin liegend das schönste Kind, das man sich nur vorstellen kann. Beide waren hoch erfreut darüber und beschlossen, den Buben zu behalten, denn sie selbst waren kinderlos und würden in ihrem Alter auch keinen Nachwuchs mehr bekommen.

Einige Zeit war vergangen, da wunderte sich Peter Krämer wieder, dass keine Freier zu seiner Tochter kamen, die doch so reich war und so viel Geld hatte. Daher reiste Peter erneut zu den Sterndeutern und versprach ihnen viel Geld und noch mehr Geld, wenn sie ihm nur sagen würden, wen seine Tochter zum Mann haben solle.

»Wir haben dir bereits gesagt, dass sie den Müllerbuben haben soll«, antworteten die Sterndeuter.

»Nein, das kann nicht sein, der ist gestorben. Ihr bekommt zweihundert Taler, wenn ihr mir sagt, wen sie jetzt bekommt.«

Die Sterngucker sahen nun wieder nach den Sternen, wurden ganz zornig und riefen: »Sie soll gleichwohl den Müllerburschen haben, den du im Fluss aussetztest, um ihn zu töten, denn er lebt noch und ist in der Mühle drunten am Fluss.«

Peter Krämer gab ihnen die zweihundert Taler und dachte darüber nach, wie er den Müllerjungen endgültig loswerden könnte.

Als erstes ging er zu der betreffenden Mühle. Der Bube war mittlerweile ein großer, schmucker Bursche geworden, er war eingesegnet und half schon in der Mühle mit.

»Könntest du mir nicht den Burschen überlassen?« fragte Peter Krämer den Müller.

»Nein«, antwortete dieser, »Ich habe ihn als mein eignes Kind erzogen, und er ist so gut geraten, dass er mir eine große Hilfe in der Mühle ist, denn ich selbst werde langsam alt und hinfällig.«

»Ja, so geht's mir auch«, sagte Peter Krämer, »und darum wollte ich gern einen haben, den ich zum Handel anlernen könnte. Wenn du ihn mir überlässt, werde ich dir sechshundert Taler geben. Dann kannst du dir ein Gehöft kaufen und auf deine alten Tage ruhig und in Frieden leben.«

Als das der Müller hörte, gab er dem Peter Krämer sogleich den Burschen mit.

Nun reisten die beiden weit umher und trieben Handel. Eines Tages kamen sie zu einem Gehöft, das dicht an einem Wald lag, den durchquerend man schon bald Peters Haus erreichen konnte. Von hier aus schickte Peter den Burschen mit einem Brief an seine Frau nach Hause und trug ihm auf, seine Frau zu grüßen und ihr zu sagen, sie müsse sofort tun, was in dem Brief stünde. Darin aber stand, sie solle augenblicklich einen Holzstoß errichten und den Müllerburschen darauf verbrennen, und wenn sie's nicht täte, solle sie selbst lebendig verbrannt werden. Mit diesem Brief ging der Bursche durch den Wald. Gegen Abend kam er zu einem Haus tief im Dickicht, ging hinein, doch traf er niemanden darin an. In einem der Zimmer fand er ein gemachtes Bett, auf das er sich, müde wie er war, hinlegte. Das Haus gehörte zwölf Räubern, die bald darauf nach Hause kamen. Sie fanden den Schlafenden, auf seinem Gesicht den Hut und daran befestigt den Brief. Da sie neugierig waren, öffnete einer den Brief und las. »Ha! Der ist von dem Peter Krämer. Dem wollen wir jetzt einen Streich spielen, denn es wäre doch jammerschade, wenn sein altes Weibsstück diesen jungen, wackeren Burschen umbringen sollte.«

Sie schrieben nun einen anderen Brief an Peter Krämers Frau und befestigten ihn wieder am Hut des ungestört schlafenden Burschen. In dem Brief hatten sie geschrieben, die Frau solle den Müllerburschen mit der Tochter verheiraten, unverzüglich müsse die Hochzeit gehalten werden. Alsdann solle sie ihnen Pferde, Vieh und Hausrat geben und ihnen das Gehöft drunten am Berg einrichten. Es würde ihr schlecht ergehen, wenn dies nicht alles geschehen sei, wenn Peter Krämer nach Hause käme.

Am nächsten Tag reiste der Junge weiter, und auf Peters Hof angekommen, überreichte er der Frau den Brief, grüßte sie von ihrem Mann und richtete von ihm aus, sie möge doch sofort tun, was in dem Brief stünde. Als die Frau den Brief gelesen hatte, sagte sie zu dem Burschen: »Du musst dich gut aufgeführt haben, dass Peter mir einen solchen Brief schreibt, denn als er abreiste, war er so böse auf dich, dass er dich sogar umbringen wollte.« Sie bereitete nun alles zur Hochzeit vor und richtete ihnen das Gehöft unten am Berg mit Vieh und Hausrat vollständig ein.

Bald darauf kam Peter Krämer nach Hause und fragte seine Frau als erstes, ob sie auch alles, was er in dem Brief geschrieben, getan hätte.

»Freilich! Auch wenn ich's zunächst seltsam fand«, sagte sie. »Doch ich durfte ja nichts anderes tun.«

Wo denn die Tochter sei, fragte Peter. »Je nun«, erwiderte die Frau, »das kannst du dir doch wohl denken! Sie ist bei ihm auf dem Hof unten am Berg, so wie es im Brief stand.« Als Peter nun die ganze Geschichte erfuhr und den Brief sah, wurde er so zornig, dass er schier aus der Haut fahren wollte. Voller Ärger lief er sogleich zu den jungen Leuten hin.

»Meine Tochter hast du nun zwar bekommen«, sagte er zum Müllerburschen, »aber wenn du sie behalten willst, dann musst du erst zu dem Drachen von Dübenfahrt und mir drei Federn aus seinem Schwanz holen.« Mit diesen Federn konnte man nämlich alles bekommen, was man sich wünschte.

»Wo soll ich denn den Drachen von Dübenfahrt finden?« fragte der Schwiegersohn.

»Das weiß ich doch nicht«, antwortete Peter Krämer. »Das ist dein Problem.«

Der Bursche begab sich nun auf den Weg, und nach einer Zeit gelangte er zu einem Königsschloss. »Hier will ich einkehren und mich nach dem Weg erkundigen.«

Der König fragte ihn gleich, woher er komme und wozu er auf Reisen sei.

»Oh, ich soll zum Drachen von Dübenfahrt und drei Federn aus seinem Schwanz holen«, sagte der Bursche, »doch leider weiß ich den Weg noch nicht.«

»Dazu braucht man viel Glück«, meinte der König, »denn ich habe noch nie gehört, dass einer von dort zurückgekehrt ist. Aber wenn du ihn antriffst, dann frage, wieso ich kein reines Wasser mehr in meinem Brunnen habe. Oft habe ich ihn säubern lassen, aber es kommt kein reines Wasser.«

»Ja, ich will ihn gerne fragen«, sagte der Bursche. Er ließ es sich auf dem Schloss gutgehen und bekam zum Abschied noch Lebensmittel und Geld mit auf den Weg.

Am Abend kam er zu einem anderen Schloss. Als er eintrat, fragte ihn der König gleich, woher er komme und wozu er auf Reisen sei.

»Oh, ich soll zum Drachen von Dübenfahrt und drei Federn aus seinem Schwanz holen.«

»Dazu braucht man viel Glück«, sagte auch dieser König, »denn ich habe noch nie gehört, dass einer von dort zurückgekehrt ist. Aber wenn du zu ihm kommst, dann frage ihn, wo meine Tochter ist, die vor vielen Jahren verschwunden ist. Trotz aller Nachforschungen habe ich nicht das Geringste von ihr erfahren können.«

»Ja, ich will ihn gerne fragen«, sagte der Bursche. Er ließ sich's gutgehen und bekam am nächsten Morgen Essen und Geld mit auf den Weg.

Gegen Abend gelangte er wieder zu einem Schloss. Hier kam die Königin zu ihm und fragte ihn gleich, woher er komme und wozu er auf Reisen sei.

»Oh, ich soll zum Drachen von Dübenfahrt und drei Federn aus seinem Schwanz holen.«

»Dazu braucht man viel Glück«, sagte die Königin, »denn ich habe noch nie gehört, dass einer von dort zurückgekehrt ist. Aber solltest du ihn findest, so frage ihn, wo ich meine goldenen Schlüssel, die ich verloren habe, wiederfinden kann.«

»Ja, ich will ihn gerne fragen«, sagte der Bursche.

Am anderen Morgen wanderte er weiter und erreichte nach einer Weile einen großen, breiten Fluss. Während er noch überlegte, wie er hinübergelangen sollte, kam ein alter, krummgebückter Mann und fragte ihn, wohin er wolle. Der Bursche klagte, dass er zum Drachen von Dübenfahrt müsse, diesen aber nicht finden könne. »Den Weg kann ich dir sagen«, sprach der Alte, »denn ich setze hier alle über den Fluss, die zu ihm wollen. Wenn du dort gegenüber auf dem Hügel stehst, kannst du schon sein Schloss sehen. Wenn du zu ihm kommst, so frage ihn, wie lange ich hier noch übersetzen soll.«

Der Bursche versprach es, worauf der Mann ihn auf den Rücken nahm und über den Fluss trug. Drüben lief der Bursche über den Hügel direkt ins Schloss hinein. Als die Prinzessin ihn erblickte, rief sie überrascht: »Solange ich hier bin, ist noch keine Christenseele hierhergekommen. Sieh zu, dass du so schnell wie möglich wieder fortkommst, denn wenn der Drache nach Hause kommt, riecht er dich und frisst dich sogleich auf.«

Da der Bursche aber darauf bestand zu bleiben, um die drei Federn aus des Drachen Schwanz und die Antworten auf seine

Fragen zu erlangen, bot ihm die Prinzessin ihre Hilfe an. »Versuche, ob du das Schwert dort an der Wand heben kannst«, sagte sie. Doch nein, er konnte es nicht vom Fleck rühren. »So musst du einen Schluck aus dieser Flasche trinken!« Er tat's, und schon konnte er das Schwert ein wenig bewegen. »So trinke noch einen Schluck«, ermunterte sie ihn, »und erzähle mir ausführlich deinen Auftrag.« Er trank und berichtete ihr von des einen Königs Brunnen, von des anderen Königs verschwundener Tochter, von den verlorenen goldenen Schlüsseln der Königin und dem Fährmann, der nach seiner Ablösung fragte. Nun konnte der Bursche das Schwert schon von der Wand herunternehmen, und nach dem dritten Schluck konnte er es schwingen. Gegen Abend sagte die Prinzessin: »Nun kommt der Drache bald nach Hause. Krieche unter das Bett und bleibe ganz still liegen, damit er dich nicht bemerkt und gleich umbringt. Wenn wir uns niedergelegt haben, werde ich ihn ausfragen. Dann musst du gut zuhören und dir die Antworten merken. Wenn alles still ist und der Drache schläft, so krieche leise hervor, nimm das Schwert und schlage ihm mit einem Hieb den Kopf ab. Im selben Augenblick musst du die drei Federn aus seinem Schwanz rupfen, sonst reißt er sie sich selbst aus, und sie sind verloren.«

Als der Bursche gerade unters Bett geschlüpft war, kam auch schon der Drache an. »Es riecht hier so nach Menschenfleisch!« brüllte er.

»Oh, es kam ein Rabe mit einem Menschenknochen im Schnabel angeflogen und setzte sich aufs Dach«, sagte die Prinzessin, »das muss es sein, was du riechst.«

»Na gut!« brummte der Drache.

Nun trug die Prinzessin das Essen auf, und als sie gegessen hatten, legten sie sich zu Bett. Nach einer kleinen Welle schrie die Prinzessin auf.

»Was fehlt dir?« fragte der Drache.

»Oh, ich schlafe so unruhig und hatte so einen wunderlichen Traum.«

»Was träumte dir denn?« erkundigte sich der Drache.

»Oh, mir träumte, es käme ein König hierher und fragte dich, was er tun solle, um reines Wasser in seinen Brunnen zu bekommen.«

»Ach, das könnte er wohl selbst wissen«, raunzte der Drache. »Er muss bloß den Brunnen umgraben und den alten verfaulten Stock auf dem Grund herausnehmen, dann wird er schon reines Wasser bekommen. Aber liege jetzt ruhig und träume nicht wieder.«

Eine kurze Zeit blieb sie still liegen, dann warf sie sich im Bett hin und her und schrie auf.

»Was ist denn nun wieder los?« rief der Drache.

»Oh, in meinem unruhigen Schlaf hatte ich einen so seltsamen Traum«, meinte die Prinzessin.

»Was hat dir denn jetzt geträumt?«

»Oh, mir träumte, es käme ein König hierher und fragte dich, wo seine Tochter, die vor vielen Jahren verschwunden ist, geblieben sei.«

»Das bist du«, sagte der Drache, »aber er bekommt dich in seinem Leben nicht mehr zu sehen. Lass mich aber jetzt in Ruhe, sonst brech' ich dir die Rippen entzwei.«

Die Ruhe währte nicht lange, da wälzte sie sich wieder und schrie laut auf.

»Was ist denn jetzt wieder los?« fauchte der Drache wild.

»Oh, du musst nicht böse werden«, entschuldigte sich die Prinzessin, »denn ich hatte einen wahrhaft merkwürdigen Traum.«

»Zum Kuckuck mit deiner Träumerei! Was träumte dir denn?«

»Oh, mir träumte, es käme eine Königin hierher und fragte dich, wo sie ihre goldenen Schlüssel, die sie verloren hätte, wiederfinden könne.«

»Sie soll zwischen den Büschen nachsehen, wo sie damals lag; na, sie wird's schon wissen. Dann wird sie sie finden. Aber verschone mich endlich mit deinen Träumen.«

Eine Weile verhielt sie sich nun ruhig, aber plötzlich, schrie sie erneut auf.

»Du wirst wohl erst Ruhe geben, wenn ich dir das Genick gebrochen habe«, fauchte der Drache so wütend, dass ihm die Funken aus den Augen sprühten. »Was hast du denn jetzt?«

»Oh, sei nicht zornig!« besänftigte die Prinzessin. »Ich kann doch nichts dafür, dass ich solch einen absonderlichen Traum hatte. Mir träumte diesmal, der Fährmann hier unten am Sund sei gekommen und fragte dich, wie lange er noch die Leute über den Fluss setzen müsse.«

»Der dumme Mensch! Davon könnte er bald befreit werden«, sagte der Drache. »Wenn jemand kommt, der hinüber will, braucht er ihn nur mitten in den Fluss zu werfen und zu sagen: ›Setz nun du über, bis du abgelöst wirst!‹ Dann ist er frei. Aber zum letzten Mal: Lass mich mit deinen Träumen jetzt in Ruhe, sonst kannst du was erleben!«

Die Prinzessin ließ ihn nun in Frieden schlafen. Aber sobald der Müllerbursche hörte, dass der Drache schnarchte, kroch er hervor und nahm das Schwert von der Wand. Ehe es noch Tag geworden war, stand der Drache auf. Aber kaum war er mit beiden Füßen aus dem Bett gekommen, als der Bursche ihm auch schon den Kopf abhieb und die drei Federn aus seinem Schwanz ausriss. Da war die Freude groß. Der Bursche und die Prinzessin nahmen soviel Gold, Silber, Geld und andere Kostbarkeiten mit, wie sie nur tragen konnten. Als sie zu dem Sund kamen, setzten sie den Fährmann durch all die Schätze derart in Erstaunen, dass er zu fragen vergaß, was der Drache gesagte hatte, bis sie am anderen Ufer waren. Da fiel es ihm ein. Als der Bursche ihm die Antwort mitteilte, meinte der Fährmann:

»Tja, hättest du mir das früher gesagt, dann hättest du mich ablösen müssen.«

Als sie zu dem ersten Schloss kamen, fragte ihn die Königin, ob er den Drachen nach ihren goldenen Schlüsseln gefragt hätte. »Ja!« antwortetet der Bursche und flüsterte ihr ins Ohr: »Er sagte, du solltest zwischen Büschen nachsehen, wo du lagst, damals – na, du weißt schon!«

»Still, still! Sag ja nichts!« stieß die Königin hervor und gab dem Burschen hundert Taler.

Sie kamen zu dem zweiten Schloss. Dort fragte ihn der König gleich, ob er sich bei dem Drachen nach seiner Tochter erkundigt hätte. »Jawohl!« sagte der Bursche. »Hier ist sie!« Die Freude des Königs war nun so groß, dass er dem Müllerburschen gern die Prinzessin und das halbe Reich gegeben hätte. Aber da dieser schon eine Frau hatte, erhielt er zweihundert Taler, Pferde und Wagen und soviel Gold und Silber, wie er nur fortschaffen konnte.

Auch beim dritten Schloss wurde er sofort vom König nach der Antwort des Drachen befragt. Die gab der Bursche getreulich wieder: »Der Drache sagte, du solltest nur den Brunnen umgraben und den alten verfaulten Stock auf dem Grund herausnehmen, dann würdest du wieder reines Wasser bekommen.« Da schenkte ihm der König dreihundert Taler.

Von hier reiste der Bursche geradewegs nach Hause. Als nun der reiche Peter die Federn aus dem Drachenschwanz erhielt, hatte er nichts mehr gegen die Heirat einzuwenden. Aber er sah auch all den Reichtum, den sein Schwiegersohn mitgebracht hatte, und fragte voller Neid und Gier, ob noch mehr Gold, Silber und Geld da wäre. »Na klar!« sagte der. »Es sind noch ganze Wagenladungen dort. Du brauchst nur hinzureisen, dann wirst du soviel finden, wie du begehrst.« Ja, Peter Krämer wollte gleich hinreisen. Sein Schwiegersohn beschrieb ihm nun den Weg ganz genau. »Aber die Pferde«, ergänzte er, »lässt du am besten an dieser Seite des Flusses, denn der Fährmann hilft dir hinüber.«

Peter nahm reichlich Proviant und viele Pferde mit und reiste los. Am Sund angekommen, ließ er, wie der Bursche gesagt hatte, die Pferde am Ufer zurück, und der Sundmann begann ihn überzusetzen. Doch mitten im Fluss warf er Peter ins Wasser und sprach: »Nun kannst du hier übersetzen, bis du abgelöst wirst!«

Und wenn keiner ihn abgelöst hat, so weilt der reiche Peter Krämer noch heute dort und setzt die Leute über.

Märchen aus Norwegen

Nachwort

Märchen vom Gold

Nach Golde drängt,
Am Golde hängt
Doch alles! Ach, wir Armen!
Goethe, Faust I

Gold kauft die Stimmen großer Haufen,
Kein einzig Herz erwirbt es dir.
Goethe, Lieder: Wahrer Genuß

Gold ist eines der ältesten vom Menschen genutzten Metalle und hat bis heute nichts von seiner faszinierenden Wirkung verloren. Sein strahlender Glanz rückt es in die Nähe der Götter. Seine Schönheit bezaubert und weckt den Wunsch, es zu besitzen. Seine Kostbarkeit erregt Begierde. Die Summe seiner außergewöhnlichen Eigenschaften macht es zu Metapher und Symbol für höchste Werte – im Alltag wie im religiösen Bereich.

Wir sagen, jemand habe »Gold in der Kehle«, um die Schönheit seiner Stimme zu beschreiben; wir denken an den großen Wert des Goldes, wenn wir meinen, ein guter Rat sei Gold wert oder nicht mit Gold aufzuwiegen; wir haben die Beständigkeit und Unveränderlichkeit des Goldes im Sinn, wenn wir erklären, jemand sei treu wie Gold. Und das Gold in den Kirchen, das Gold der Altäre und Reliquienschreine, ist uns Ausdruck des Heiligen, Symbol für die Ewigkeit und Herrlichkeit Gottes.

Goldgeschmückt und golden sind die Götter, von denen uns die Mythen erzählen: Als Jungfrau in goldglänzendem Gewand, geschmückt mit Diadem und Juwelen, wird die altiranische Fruchtbarkeitsgöttin Anāhitā beschrieben. Ein strahlendes Geschwisterpaar am griechischen Götterhimmel sind Eos, »Tag«, und ihr Bruder Helios, »Sonne«; sie residiert auf goldenem Thron und geht vom Morgen an vor dem feurigen Wagen her, den der goldbehelmte Bruder durch den Tag lenkt; am Abend dann besteigt er die mächtige goldene Schale, die ihn des Nachts nach Osten zurückbringt. Der indische Sonnengott Ushas hat goldenes Haar und goldene Arme, und seine Geliebte Sūrya, die anmutige Göttin der Morgenröte, trägt einen goldenen Schleier. Als ein schönes junges Mädchen, dem ein goldener Ring aus dem Mund fällt, wenn es lacht – so stellt man sich in Schweden die Morgenröte vor.

Die archetypischen Bilder, in denen die Mythen uns von Gold und goldenen Göttern erzählen, begegnen uns im Märchen wieder.

Selten ist Gold im Märchen allein das wertvolle Metall mit den Eigenschaften und Wirkungen, die das reale Gold besitzt: Es blinkt und blitzt im Märchen von Gold, denn »alles Schöne ist golden« (Wilhelm Grimm), alles Gute und Edle. Märchengold ist häufig Metapher, um besondere positive Eigenschaften und innere Werte der Figuren auszudrücken, ebenso wie Schönheit eine Metapher für den guten, edlen Charakter einer Märchenfigur sein kann. Das Erzählen in solchen Bildern ist charakteristisch für das Märchen, das seine Heldinnen und Helden flächenhaft darstellt, ohne Innenleben und Tiefe.

Wenn Gold im Märchen als Symbol verwendet wird, bedeutet es ein höchstes Gut oder das Glück schlechthin.

Nach einer Erzählung über den Ursprung des Goldes folgen im ersten Teil Märchen, in denen uns Gold als Metapher und Symbol begegnet, anschließend Beispiele, in denen Gold als wertvolles Metall, als materieller Wert, vorkommt.

Wie das Gold in die Welt kam: Indem das Märchen Gold als materialisierte Sonnenstrahlen beschreibt, greift es ein mythisches Bild auf: Die Inka hielten das Gold für die Tränen der Götter.

Die junge Schwanenfrau in *Der junge Bauer und die weiße Schwänin* hat goldene Flechten als Zeichen ihrer außergewöhnlichen Herkunft aus einer Welt, zu der ihr Ehemann (vorerst) keinen Zugang hat.

In *Die Zwillingsknaben mit dem goldenen Stern* und *Eisenhans,* dem wohl schönsten Märchen der vielen *Goldener*-Varianten, weisen die goldenen Sterne, das goldene Haar auf den Rang der Knaben hin. Den Zwillingsbrüdern, Kaisersöhnen, wird ihr Rang streitig gemacht. Der Jüngling in *Eisenhans* muss sich seinen Rang jedoch noch erwerben. Vor ihm liegt ein Weg der Prüfung und Bewährung. Somit greift das Märchen der Entwicklung – im Vertrauen auf ihr Gelingen – voraus und setzt ins Bild, was erst in der Zukunft sein wird, denn noch ist der Königssohn ein verspieltes, ichbezogenes Kind: Um sein goldenes Spielzeug wiederzugewinnen, hat er sich verführen lassen, das Verbot seines Vaters zu überschreiten; in die Betrachtung seiner selbst versunken, hat er die Aufgabe vergessen, die ihm der neue Vater gestellt hat.

In *Das goldene Königreich* hat der Held sich sein Glück durch Unbeherrschtheit verscherzt und muss viele gefährliche Abenteuer bestehen, bis er es wiedererlangt. »Das Märchen wird zuletzt immer golden«, sagt Ernst Bloch, »genug Glück ist da.« Dieses Märchen zeigt uns im Bild des goldenen Königreichs, dass alle Lebenswünsche des Helden sich erfüllt haben.

In *Die drei Schwestern* und *Lilla Rosa und Långa Leda* erhalten die Mädchen die goldenen Gaben zur Belohnung für ihre Freundlichkeit; so wird ihr »goldenes Herz« für alle sichtbar. *Der Hahn mit den Goldfedern:* Der Titel des Märchens nennt den Helfer, der sich durch sein Aussehen und seine Wundergabe als Jenseitiger ausweist. Die goldene Feder ist der »Glücksbringer« und hat die dramaturgische Funktion, die Handlung voranzutreiben.

Der singende Baum, der sprechende Vogel und das goldene Wasser: Der Wert der drei Dinge ist hoch; will einer sie gewinnen, muss er sein Leben wagen und sich im Zaum halten können. Das goldene Wasser ist das kostbarste der drei Wunderdinge: Es erlöst und heilt; es setzt Lebenskräfte frei. Das goldene Wasser als Heilmittel ist nicht nur ein schönes Märchenbild: Schon seit der Antike wird trinkbares Gold bei der Behandlung von Krankheiten angewendet.

Welche Macht das Gold in seiner Eigenschaft als wertvolles Metall auf die Menschen ausüben kann, wie es sie beglückt, korrumpiert, zerstört, ist ebenfalls das Thema vieler Märchen.

Das berühmteste Beispiel für die Gier nach Gold ist der sagenhafte phrygische König Midas, von dessen unbedachter Bitte, alles, was er berührt, möge sich in Gold verwandeln, Ovid in seinen ›Metamorphosen‹ berichtet. In *Der törichte Wunsch* erfahren wir die gleiche Geschichte; das Märchen *Von dem Metallherrscher* variiert das zeitlose Thema auf seltsame, verstörende Weise. Durch ihr sündhaftes Streben nach irdischem Glanz und Reichtum, so warnt die Mutter, setze die Tochter ihr Seelenheil aufs Spiel: »Der Stolz schmeckt nach der Hölle.« Witz führt uns in die Hölle, wo die Sünder durch goldene Speisen zu ewigem Hunger verdammt sind – ein Bild, das wir ähnlich auch bei Angelus Silesius (1624-1677) finden. In »Die ewigen Peinen der Verdammten« schreibt er: »Man gießet ihm dem Sünder geschmolzen Gold in seinen Schlund die Menge.« Auf einem zeitgenössischen Stich aus der Zeit der spanischen Eroberungen in Südamerika (siehe Norbert von Frankenstein: »Mythos Gold«) ist die gleiche Szene zu sehen: Indianer gießen einem gefangenen Spanier geschmolzenes Gold in den Mund aus Rache für seine Habgier.

Dass Habgier in den Tod führt, belegen auch die Märchen *Das goldene Bein, Von der Schlange, die Gold spendete* und *Simeliberg,* welches Züge der aus »Tausendundeine Nacht« bekannten Geschichte von Ali Baba und den vier-zig Räubern aufweist. Die beiden letztgenannten stellen der verderblichen Maßlosigkeit die kluge Mäßigung gegenüber und zeigen Beispiele eines gelingenden Lebens in »glücklichem Reichtum«.

Wie Gold und wozu Gold Menschen verführen kann, zeigen die vier letzten Märchen:

In *Die Goldschale* bedeutet dem König der Besitz der Wunderschale mehr als sein Königreich. Um sie zu gewinnen, ist er sogar bereit, sich dem Fremden hinzugeben – selber der Preis zu sein und seine Ehre zu opfern.

Der alte Bauer in *Der gute Rat* setzt den Glanz des Goldes listig ein, um seine Enkel anzulocken, deren Erzählung die Eltern begehrlich macht. Ganz sicher sind seine »Goldvögelchen« nicht bleich und blass – das widerspräche ihrer sonnenhaften Natur und machte sie untauglich als »Lockvögelchen«. Eine fast gleiche Geschichte ist bereits im Schwankbuch »Schimpf und Ernst« des elsässischen Predigers Johannes Pauli von 1522 verzeichnet, und bis in unsere Tage erzählt man sie in der ganzen Welt immer wieder auf ähnliche Weise: Die traurige Erfahrung des alten Mannes ist kein Einzelfall.

Das Lämmchen mit dem goldenen Fell ist eine liebenswerte Variante des Grimmschen Märchens von der goldenen Gans (KHM 64). Am Schluss hat das Lämmchen allen Glück gebracht – auch der Bauerntochter, die es hatte stehlen wollen.

Der junge Soldat in *Der lustige Ferdinand oder der Goldhirsch* vertraut zu Recht auf den strahlenden Glanz des Goldes. Alle sind von dem Hirsch so bezaubert und geblendet, dass niemand Verdacht schöpft, er könnte etwas anderes sein, als er scheint. Eine lebensgroße Tierfigur, kunstvoll aus Gold gefertigt, dient männlichen Märchenhelden häufig als Werkzeug ihrer Verführung; Märchenfrauen hingegen nutzen sie als Versteck, um unwillkommenen Liebesanträgen zu entgehen (siehe *Das Kamel aus Gold* in: »Orientalische Frauenmärchen«, Königsfurt-Urania Verlag).

Zum Schluss möchte ich, wie schon oft, den Mitarbeitern der »Enzyklopädie des Märchens« in Göttingen für die freundliche Unterstützung meiner Arbeit danken. In ihrem Archiv fand ich Hinweise auf verschiedene Märchen, die ich in diesen Band aufgenommen habe.

Frankfurt am Main, im Juni 1998 *Hannelore Marzi*

Nachwort

Märchen vom Geld

Das Streben nach Geld und Reichtum gehört neben dem Streben nach Macht und Ruhm oder nach Liebe und Sex zu den Haupttriebfedern menschlichen Handelns. Für die meisten liegen in diesen Begriffen die entscheidenden Schlüssel zum Glück. Keiner kann sich entziehen – nur die ganz konsequenten »Aussteiger« suchen und finden wohl auch das Glück in völlig anderen Gefilden. Aus dem durchaus ehrbaren Streben nach den »Glücksschlüsseln« Geld, Macht und Liebe werden aber allzu oft und in tückischer Weise unmerklich fließenden Übergängen Geldgier, Machtbesessenheit, Geilheit und Eifersucht. Eigenschaften, die als idealer Nährboden für alle nur erdenklichen moralischen Entartungen und kriminellen Auswüchse gelten.

Gerade das Geld wirkt als Droge und »Charaktergift« besonders gefährlich und unmittelbar. Schließlich ist es mit seiner Hilfe unbestritten um vieles leichter, alles andere zu erreichen. Das Geld ist also sozusagen der Generalschlüssel unter den »Glücksschlüsseln«. Einen solchen Generalschlüssel am persönlichen Schlüsselbund zu haben, rechtfertigt einen hohen Einsatz. Überall auf der Welt findet man dafür ausreichend Belege im Lauf der Geschichte. Erst recht in unserer heutigen Zeit ... Und in Zukunft wird es wohl nicht anders sein. Kein Zweifel (und im Deutschen unterstreicht es sogar der Reim): Geld regiert die Welt!

Wie konnte es dazu kommen? Wie kam überhaupt das Geld in die Welt? Das russische Märchen *Wer das Geld erdacht hat* sieht als Urheber den Teufel – schließlich scheut der ja bekanntermaßen weder Mühe noch List, die Menschen zu verführen und zu verderben. Aber auch etwas nüchterner betrachtet, ist die Geschichte des Geldes hoch interessant und stellt zweifellos einen wesentlichen Teil und ergiebigen Quellenfundus der menschlichen Kulturgeschichte dar.

Hunderttausende von Jahren kamen die Menschen allerdings ohne Geld aus. Der Homo sapiens befasste sich schon früh mit der Herstellung von Werkzeugen, mit Sprache, Religion und Kunst; jedoch fand zwischen den selbstversorgenden Jägern und Sammlern zunächst kein Austausch von Waren oder Dienstleistungen statt. Mit der entwicklungs- und intelligenzgeschichtlich bedeutsamen Wandlung hin zu arbeitsteiligen Gesellschaftsformen wurde das wertgerechte Geben und Nehmen lebensnotwendig. Die Bauern brauchten die Handwerker, und diese brauchten die Bergleute, und diese brauchten die Hirten, und diese brauchten ... und jeder brauchte jeden. Vielfältige Abhängigkeiten förderten die Bildung von dörflichen, städtischen, staatlichen Gemeinwesen und somit ein kompliziertes Geflecht von Wirtschaftsbeziehungen. Diese funktionierten eine ganze Welle auf der Basis des Tauschhandels recht gut. Doch die ständige Suche nach dem passenden Tauschpartner, nach dem Prinzip »Wer braucht das, was ich habe, und wer hat das, was ich brauche?«, war umständlich, zeitraubend und ineffizient. Weitere Faktoren wie Verderblichkeit mancher Waren, Transportaufwand und uneinheitliche Wertmaßstäbe kamen hinzu und weckten den Wunsch nach einem wertbeständigen, von allen akzeptierten, einheitlichen Tausch- oder Zahlungsmittel: Geld. Die »Währung«, ob Ochsen, Sklaven, Salz, Getreidekörner, Kakaobohnen, Muscheln, Seide, Bärenzähne, Papageienfedern, Edelsteine oder Edelmetalle konnte dabei je nach Weltgegend und Mentalität der Völker sehr unterschiedlich sein, doch immer funktionierte es: Mit Geld ließ sich prächtig handeln. Und so blühte der Handel als eigenständiger lukrativer Wirtschaftszweig schon bald üppig und erlangte immense Bedeutung. Durch Schiffahrt und Straßenbau entstand ein weltweiter Fernhandel, der wohl den Siegeszug des »Münzgeldes« begründete. Denn in handliche Stücke geprägtes Edelmetall, allen voran das Gold, ließ sich optimal lagern, transportieren und galt überall als »wertvoll«. Nach einer langen Phase des Naturalgeldes folgte also eine regelrechte Epoche des Münzgeldes. Bereits um 600 v. Chr. wurden in Kleinasien die frühesten, heute bekannten Münzen aus Edelmetall hergestellt. Erst spät – in Deutschland gar erst Mitte des 19. Jahrhunderts – entwickelte sich dann eine weitaus abstraktere, ohne realen, materiellen Gegenwert geschaffene, nur auf gegenseitige Übereinkunft beruhende Geldform: das Papiergeld. Und auch dies ist in der monetären Evolution nur eine Zwischenstufe, denn wir befinden uns gerade mitten im Übergang zur Epoche des Elektronikgeldes. Knisternde Scheine und klingende Münzen ade! Elektronische Buchungsvorgänge, Kreditkarten, Electronic-Cash oder »Plastikgeld« verdrängen das Geldausgeben und Geldverdienen immer weiter aus unserer sinnlichen Wahrnehmung, während sich gleichzeitig schier alles nur ums Geld dreht – welch bezeichnender Widerspruch unserer Zeit.

Die simple Frage »Was ist Geld?« führt zu einigen allgemeinen Gedanken und Erkenntnissen, die auch den Zugang zu den betreffenden Märchen erleichtern.

Geld kann vieles sein, es hat mehrerlei Funktionen. Zunächst einmal ist es, wie bereits erwähnt, ein äußerst praktisches, allgemeingültiges Tauschmittel. Die gegensätzlichsten Waren und Dienstleistungen können dafür eingetauscht werden und sind somit direkt in ihrem Wert vergleichbar.

In einer weiteren Funktion lasst sich Geld als Wertkonservierungsmittel zur späteren Verwendung, also zur zeitversetzten Befriedigung persönlicher Wünsche und Bedürfnisse einsetzen. So verstanden macht Sparen Sinn. Die Kehrseite der Medaille:

Sparen als Selbstzweck, pervertierter Spartrieb – Geizen, Horten, Raffen. Früher, in der Phase des Münzgeldes, wurde in Schatztruhen und Strümpfen gespart. Heute haben sich Sparkonten und andere Anlageformen durchgesetzt, die dem Sparer zudem den Vorteil des Ertrages durch Verzinsung gewähren.

Das Bank- und Kreditwesen entwickelte sich früh – allein in Athen gab es um 400 n. Chr. bereits ein Dutzend Privatbanken – und ist heute zu einem gigantischen Wirtschaftsbereich geworden. Denn Geld hat auch die Funktion eines eigenständigen Wirtschaftsgutes. Es wird selbst zur Ware im handelsüblichen Spannungsfeld von Angebot und Nachfrage. Mit fremdem Geld umzugehen ist für Banken und andere Kreditinstitute unproblematisches Tagesgeschäft, aber wenn Menschen untereinander Geld leihen oder verleihen, zurückzahlen oder auch nicht, begeben sie sich auf psychologisch sensibles Terrain. Selbst solch komplexe Vorgänge werden im Märchen bildhaft aufgegriffen; etwa in *Der Groschen* und *Die Anleihe*.

Die Entstehung des Begriffes »Geld« kann nicht eindeutig geklärt werden; mehrere Ableitungen sind möglich. Besonders plausibel erscheint die Herkunft von »gelten«, was im Mittelhochdeutschen die Bedeutung von »zurückerstatten, entschädigen, Einkünfte bringen, zahlen und wert sein« hatte.

In großer Zahl finden sich heute »Geldwärter« in unserer Alltagssprache. Von »Geldadel« bis »Geldwirtschaft« notiert ein deutsches Wörterbuch allein 46 zusammengesetzte Begriffe mit vorangestelltem »Geld«. Enorm ergiebig ist die Suche nach Begriffen mit nachgestelltem »Geld« (Lehrgeld, Weihnachtsgeld, Falschgeld, Lösegeld, Blutgeld, Schmerzensgeld, Spielgeld, Bargeld ...). Weitersuchen macht Spaß und lässt staunen! Hinzu kommen all die geldverwandten Wörter wie »Dukatenscheißer«, »Münzfälscher« und »Notgroschen« sowie die vielen umgangssprachlichen Geld-Synonyme (beispielsweise: Moneten,

Knete, Kohle, Mäuse, Penunze, Flocken, Pinke, Kröten, Kies, Zaster). Beziehen wir dann noch den im Deutschen reichhaltigen Fundus an Redewendungen und sprichwörtlichen Redensarten (»Geld liegt auf der Straße«, »Für bare Münze nehmen«, »Im Geld schwimmen«, »Geld stinkt nicht«, »Zeit ist Geld« u. v. m.) mit ein, zeigt dieser kleine linguistische Exkurs: In unserer Sprache spiegelt sich deutlich wider, welch zentrale Rolle das Geld in allen Bereichen des menschlichen Lebens spielt.

Ob Sensationsjournalismus, Krimi, Roman oder Märchen – ohne das »liebe Geld« wären wir um viele Storys ärmer. Wenn es um Geld geht, sind wir sofort mittendrin im prallen Menschenleben, ist tatsächlich kein Bereich gesellschaftlichen Lebens ausgeklammert, sind spannende Einsichten in die Tiefen – nicht nur Abgründe – der menschlichen Psyche möglich.

Geld an sich ist moralisch neutral. Erst die Art und Weise seines Gebrauchs und seines Erwerbs geben Aufschluss über die charakterlichen Qualitäten der handelnden Personen. Ein altes deutsches Sprichwort lautet treffend: »Geld ist weder bös noch gut, es liegt an dem, der's brauchen tut.« Der vermutlich evolutionsbedingte individuelle Egoismus steht den positiven Charaktereigenschaften allerdings leider oft im Wege. Folglich überwiegen in Romanen (wie auch in Dramen und Filmen u. ä.), wenn Geld und Besitz im Spiel sind, die Geschichten von Geiz und Habgier, von Lug und Trug oder gar von Mord und Totschlag aus Geldgier.

Zwischen den »belletristischen« Buchdeckeln begegnen uns einige im Umgang mit und in ihrem Verhältnis zu Geld charakteristische Typen besonders häufig. Die extrem armen Schlucker sind in ihren vielfältigen Erscheinungsformen, ihren Bemühungen, mit diesem Zustand umzugehen, und in ihrer Opferrolle literarisch durchaus ergiebig. Als sehr »beliebt« gelten auch die pekuniärspezifisch äußerst markanten Geizhälse, Knauser und Pfennigfuchser, wenn sie, erzähltechnisch meist besonders plastisch geformt, ihr menschenverachtendes Unwesen treiben. Anderen, aber auch sich selbst nichts zu gönnen, heißt die, zur Freude des Lesers manchmal zum Guten wandelbare, Lebensmaxime zahlreicher Roman»helden« vom Schlage eines Ebenezer Scrooge aus dem übrigens recht märchenähnlichen »A Christmas Carol« von Charles Dickens. Übersteigerter Egoismus kennzeichnet dagegen die raff- und habgierigen Subjekte , die sich auf Kosten ihrer Mit- und Umwelt ein so angenehm wie mögliches Leben zu erkaufen bestrebt sind. Sie scheuen dabei keine Gemeinheit und kennen kaum moralische Skrupel. Ihre Selbstsucht verhindert indes bei größter Nähe zur Grenze der Legalität doch meist deren Übertreten. Dies bleibt den literarisch so wichtigen echten Kriminellen vorbehalten. An ihnen lassen sich die Verführungskraft des Geldes und die daraus resultierenden Charakterdeformationen in schier unübersehbar vielen Variationen studieren. Ohne Bösewichter kommen die meisten Storys, in denen Geld und Besitz eine Rolle spielen, offenbar nicht aus.

Anders im Märchen – da halten sich Gut und Böse, Segen und Fluch des Geldes die Waage. Faszinierend, wie zumeist mündlich überlieferte Volkserzählungen, die Märchen, Sagen, Schwänke, Fabeln, Legenden und Mythen, auch uns »modernen« Menschen weise und unbestechlich gegenübertreten wie Spiegel unseres ambivalenten Denkens und Handelns. Selbst anhand der begrenzten Auswahl dieser Sammlung lässt sich trefflich das ganze Spektrum geldrelevanter Verhaltensmuster aufzeigen. Da wird lebendig, welche Untaten die Gier nach Geld und Reichtum gebiert respektive welches Glück im Geben liegt und welcher Segen aus uneigennütziger Tugend erwächst.

Manchmal sogar monetärer Segen. Und durch den hat dann die Not ein Ende. So zum Beispiel in einem der bekanntesten Märchen überhaupt: *Die Sterntaler.* Hier erleben wir uneigennützige Tugend in ihrer konsequentesten Form bis hin zur Bereitschaft zur Selbstaufgabe. Wir sind normalerweise geneigt, mit Unverständnis, leichtem Unbehagen und Mißtrauen auf solch rigorosen Altruismus zu reagieren: Ja, was denn nicht noch! – als das arme Mädchen in einer kalten Nacht auch »ihr letztes Hemd« einem frierenden Kind hingibt. Aus dieser merkwürdigen Mischung aus naivem Gottvertrauen und suizidalem Fatalismus spricht ihre sichere Gewißheit, diesen Weg gehen zu müssen. Für sie heißt es nicht »Alles oder nichts«, sondern »Durch nichts zum Alles«. Und richtig – das Mädchen braucht nicht einmal lange zu frieren, da hat es bereits ein neues linnenes Hemd an, in dem es die vom Himmel fallenden »Sterntaler«, mit denen sie ein Leblang ausgesorgt hat, einsammeln kann.

Nicht ganz so direkt kommt der *Soldat mit den drei Pfennigen* zum Ziel. Bei ihm paart sich ein gutes Herz, das ihn seine komplette Barschaft von drei Pfennigen an eine Bettlerin herschenken heißt, mit einer durch nichts zu erschütternden Unerschrockenheit. Freilich steht ihm mit dem unverwüstlichen Tornister, in den er alles und jeden hineinwünschen kann, ein nützliches und leistungsfähiges Zaubermittel zu Gebote. Dieses beliebte Motiv findet sich übrigens in zahlreichen europäischen Märchen auch in Verbindung mit gänzlich anderen Handlungsabläufen. Die Dukaten eines geizigen Gutsherrn landen ebenso in diesem Zauberrucksack wie die drei grässlichen, blutrünstigen Riesen. Nachdem er denen den Garaus gemacht hat, gewinnt er noch ihren Schatz. »So kann einer mit drei Pfennigen, wenn er sie richtig anwendet, ein steinreicher Mann werden«, endet das Märchen mit deutlich erhobenem Zeigefinger – wenn man nur immer so genau wüsste, was »richtig anwenden« heißt.

Ein typisches Rübezahl-Märchen möchte mit seinem naiv-volkstümlichen Charme recht anschaulich die Formeln »Tugendhaftigkeit + Geld = Erfolg« und »Charakterlosigkeit + Geld = Mißerfolg« belegen. Der unverschuldet in Not geratene Bauer erwirbt sich mit wohldosierter Courage *Die Anleihe* vom furchteinflößenden Berggeist. Durch Fleiß und Bescheidenheit bei der Verwendung der Investitionsmittel und ehrliche, pünktliche Rückzahlung des Kredits ist ihm langfristiger Wohlstand beschieden. Die geizige Verwandtschaft hingegen stürzt ins Unglück. Natürlich ist das schwarzweiß, aber Märchen bringen menschlich empfundene Wahrheiten und Erkenntnisse eben auf den Punkt. Und gerade in der Kolorierung dieser Schwarzweißzeichnungen durch die vielfältigen zauberischen Elemente liegt der mit keiner anderen literarischen Gattung vergleichbare Reiz der Märchen.

Der verwerfliche und mißbräuchliche Umgang mit Geld wird folglich – zumindest im Märchen – umgehend und sehr subtil geahndet. Das Im-Grabe-keine-Ruhe-Finden als Strafe für die Unterschlagung zweier Heller erscheint uns heute, besonders bei einem kindlichen Täter, der mit dem Geld einen Zwieback erstehen wollte, als reichlich drakonische Strafe. Doch pädagogische Fingerzeige dieses Härtegrades sind durchaus märchentypisch und gerade in den »Kinder- und Hausmärchen« der Brüder Grimm, denen der Text *Der gestohlene Heller* entstammt, häufig anzutreffen. Denken wir nur an das arme »Rotkäppchen«, das für seine zugegeben gefährliche Arglosigkeit einem Fremden (Wolf) gegenüber und ein bißchen Trödeln auf dem Weg zur kranken Großmutter gleich vom Wolf verschlungen wird. Doch ebenso märchenspezifisch gibt es bei solch minderen Vergehen eine tröstliche Schlußwendung, nämlich die Rettung aus dem als Warnung bereits erlebten Verhängnis: Rotkäppchen wird vom Jäger befreit, und das Kind in *Der gestohlene Heller* findet endlich seine Grabesruhe, indem die Eltern das Geld nachträglich seiner eigentlichen Bestimmung zuführen.

Der Schatzgräber demonstriert eindrucksvoll zwei der häufigsten, durch großen Reichtum hervorgerufenen Wesensveränderungen: den bereits mehrfach erwähnten selbstzerstörerischen

Geiz und im Gegensatz dazu die hemmungslose Genußsucht, deren permanente Befriedigung Körper und Geist lähmt. Dies erkennend, zieht der Protagonist dieses Märchens rechtzeitig die Notbremse und wünscht sich – wesentlich zufriedener als vorher – in sein früheres Lebensumfeld zurück.

Ein wirklich abstoßender Fiesling, *Der reiche Peter Krämer* aus einem norwegischen Märchen, glaubt, mit seinem Reichtum alles erreichen und in seinem Sinne beeinflussen zu können, will oder kann aber nicht begreifen, dass auch die Macht des Geldes an Grenzen stößt. Dieser Schuft scheut aus Geld- und Gewinnsucht sogar vor Mord nicht zurück. Mehrere bekannte Märchenmotive sind in diesem Text aufs schönste miteinander verknüpft: der vertauschte Todesbrief, die erst auf dem Rückweg einer gefahrvollen Reise beantwortbaren Fragen, die Drachenbesiegung, die Bestrafung und Verdammnis des Bösewichts in Form eines ewigen Fährdienstes. Die wohltuende Gerechtigkeit des Märchens lässt den Peter Krämer am Ende ursächlich an seiner unersättlichen Habgier der Strafe anheimfallen, während dem vom Schicksal begünstigten Jüngling die Reichtümer quasi als Nebenprodukte seiner edlen Taten nur so zuströmen.

Kaum ein Märchenbuch enthält ausschließlich »echte« Märchen. Reine Zaubermärchen vermeiden die präzise Festlegung von Ort und Zeit der Handlung sowie die allzudeutliche Charakterisierung der Personen. Das Zaubermärchen kümmert sich um die alltäglichen Sorgen und Probleme ganz normaler Menschen, in denen sich letztlich jeder von uns wiederfinden kann. Die allerdings unverzichtbaren Zauberwesen und -mächte greifen – helfend oder störend – in das Leben der Menschen ein, verstellen aber nie den Blick auf die immer im Mittelpunkt stehenden handelnden Personen. Es liegt in der eher profanen als mystischen Natur des monetären Themas, dass neben Zaubermärchen auch verhältnismäßig viele Schwankmärchen und Mischformen der

Volkserzählung sich ausgiebig dem »Geld« widmen. Daher sollte auf keinen Fall die in mehreren unterschiedlchen Kulturkreisen beheimatete Geschichte fehlen, in der der Geruch des Bratens völlig zu Recht mit dem realen Gegenwert, nämlich dem »Klang des Geldes« bezahlt wird. Der raffgierige Wirt zieht angesichts dieser zwingenden Logik – vor allem bei einem wie Till Eulenspiegel – unweigerlich den kürzeren. Betrügerische Gastwirte, geizige Handwerker, wucherzinsfordernde Geldverleiher und der Teufel in mancherlei Gestalt sind übrigens gern aufgegriffene und meist trickreich überlistete Figuren in Schwankmärchen. Zu dieser vergnüglichen und »zauberfreien« Untergruppe der Märchengattung gehören auch *Der Groschen, Die Belohnung des Gurus* und *Wie ein Alter in die Schule ging und Geld verdiente.*

Abschließend sei herzlich gedankt: Herrn Dr. Peter Düsterdieck und seinen Mitarbeitern von der Universitätsbibliothek Braunschweig, die mir die Schätze der Hobrecker-Sammlung zugänglich machten, meiner Familie für deren verständnisvolle Unterstützung und Frau Hannelore Marzi für die erfreuliche Zusammenarbeit.

Braunschweig, Juni 1998 *Günther Westenberger*

Quellenverzeichnis

Märchen vom Gold

Wie das Gold in die Welt kam
Nach der Erzählung einer Marokkanerin aus dem Französischen übersetzt von Hannelore Marzi.

Der junge Bauer und die weiße Schwänin
Nach mündlicher Erzählung einer Aussiedlerin aus Litauen von Sigrid Früh aufgezeichnet und von Hannelore Marzi bearbeitet.

Die Zwillingsknaben mit dem goldenen Stern
Rumänische Märchen. Übersetzt von Mite Kremnitz. Leipzig 1882. Von Hannelore Marzi bearbeitet.

Der Eisenhans
Kinder- und Hausmärchen der Brüder Grimm. Große Ausgabe Bd. II. Göttingen [7]1857.

Das goldene Königreich
Deutsche Hausmärchen, herausgegeben von Johann Wilhelm Wolf. Göttingen und Leipzig 1851.

Die drei Schwestern
Märchen und Sagen des estnischen Volkes, gesammelt und übersetzt von Harry Jannsen. Zweite Lieferung. Riga und Leipzig 1888.

Lilla Rosa und Långa Leda
Gunnar Olof Hyltén Cavallius und George Stephens: Schwedische Volkssagen und Märchen. Deutsch von Carl Oberleitner. Wien 1848.

Der Hahn mit den Goldfedern
Deutsche Volksmärchen aus Schwaben. Aus dem Munde des Volkes gesammelt und herausgegeben von Ernst Meier. Stuttgart 1852.

Der singende Baum, der sprechende Vogel und das goldene Wasser
E. Henry Carnoy: Contes Français. Paris 1885. Aus dem Französischen übersetzt von Hannelore Marzi.

Der törichte Wunsch
Nach The Golden Touch : Noriko Mayeda and W. Norman Brown: Tawi Tales. Folk Tales From Jammu. American Oriental Society. New Haven (Connecticut) 1974. Aus dem Englischen übersetzt von Hannelore Marzi.

Von dem Metallherrscher
Westslawischer Märchenschatz. Ein Charakterbild der Böhmen, Mähren und Slowaken in ihren Märchen, Sagen, Geschichten, Volksgesängen und Sprichwörtern. Deutsch bearbeitet von Joseph Wenzig. Leipzig 1857. Von Hannelore Marzi bearbeitet.

Witi
Kinder- und Hausmärchen, dem Volke treu nacherzählt von Theodor Vernaleken. Wien und Leipzig [3] 1896.

Das goldene Bein
Contes populaires recueillis en Agenais par M. Jean-François Bladé. Paris 1874. dem Französischen übersetzt von Hannelore Marzi.

Von der Schlange, die Gold spendete
Demircioğlu, Yusuf Ziya: Yürükler ve köylülerde hikâyeler, masallar. Istanbul 1934. Aus dem Türkischen übersetzt von Hannelore Marzi.

Simeliberg
Kinder- und Hausmärchen. Gesammelt durch die Brüder Grimm. Zweiter Band. Berlin 1815.

Die Goldschale
Griechische und Albanesische Märchen. Gesammelt und übersetzt von J. G. von Hahn. Zweiter Teil. München und Berlin [2] 1918.

Der gute Rat
nach G. L.Gomme: A Highland Folk-Tale collected by the late J.F.Campbell and its Origin in Custom. FOLK-LORE. Vol. I, London 1890. Aus dem Englischen übersetzt von Hannelore Marzi.

Das Lämmchen mit dem goldenen Fell
The Folk-Tales of the Magyars. Collected by Kriza, Erdélyi, Pap and others. Translated and edited, with comparative notes, by W. Henry Jones and Lewis L. Kropf. Publications of the Folk-Lore Society, XIII. London 1889. Aus dem Englischen übersetzt von Hannelore Marzi.

Der lustige Ferdinand oder der Goldhirsch
Deutsche Volksmärchen aus Schwaben. Aus dem Munde des Volkes gesammelt und herausgegeben von Ernst Meier. Stuttgart 1852.

Märchen vom Geld

Wer das Geld erdacht hat
Nach einer mündlichen Überlieferung des hundertjährigen Bauern Redkij aus Bolschoj-Roshin. Gesammelt von A. K. Serzputovskij (Minsk 1926). Mit freundlicher Genehmigung des Akademie-Verlages, Berlin.

Der Soldat mit den drei Pfennigen
Großes Märchenbuch von Max Geißler. Stuttgart 1913.

Der gestohlene Heller
Kinder- und Hausmärchen. Gesammelt durch die Brüder Grimm. Ausgabe letzter Hand. Göttingen [7] 1857.

Der Schatzgräber
Erzählt im »Rothen Buch« von Julius Stern. Gesammelt von Julie Hirschmann in »Märchenstrauß«. Berlin 1876.

Die Erbschaft
Popular Tales of the West Highlands (2. Band). Gesammelt von John Francis Campbell. Edinburg 1860. Ins Deutsche übertragen von Günther Westenberger.

Wie ein Alter in die Schule ging und Geld verdiente
Erzählt von Vasilij Morosko aus Negnewitschi. Aufgezeichnet im Jahre 1948 von L. G. Barag. Mit freundlicher Genehmigung des Akademie-Verlages, Berlin.

Der wunderliche Geldbeutel
Nach mündlich von einer alten Schlesierin wiedergegebenen Motiven neu erzählt von Günther Westenberger.

Der Groschen
Erzählt von Dzintra Krasauska aus Lettland und ins Deutsche übertragen von Johannes Baumann. Mit freundlicher Genehmigung von Jürgen Eggebrecht.

Die Anleihe
Märchen für jung und Alt. Erzählt und gesammelt von Rosalie Koch und Gustav Hoffmann. Berlin 1852.

Frau Glück und Herr Geld
Märchen aus Italien, Spanien und Portugal. Gesammelt von Karl Rauch und ins Deutsche übertragen von Ursula Rauch. Zürich o. J.

Der Klang des Geldes
Nach dem deutschen Volksbuch »Ein kurzweiliges Buch von Till Eulenspiegel aus dem Lande Braunschweig. Wie er sein Leben verbracht hat« von Hermann Bote. Straßburg 1510/1511

Adamantina
»Le Piacevoli Notti« von Gianfrancesco Straparola. Paris 1615. Ins Deutsche übertragen von Günther Westenberger.

Die Belohnung des Gurus
Indische Märchen aus dem Hindi. Gesammelt und ins Deutsche übertragen von Margot Gatzlaff. Mit freundlicher Genehmigung des Insel-Verlages, Frankfurt am Main.

Die Sterntaler
Kinder- und Hausmärchen. Gesammelt durch die Brüder Grimm. Ausgabe letzter Hand. Göttingen [7] 1857.

Der reiche Peter Krämer
Norwegische Volksmärchen (Erster Band). Peter Christen Asbjørnsen / Jørgen Engebretsen Moe. Ins Deutsche übertragen von Friedrich Bresemann. Berlin 1847.

Weiterführende Literatur

Angelus Silesius: Sämtliche poetische Werke in drei Bänden. Herausgegeben und eingeleitet von Hans Ludwig Held. München [3] 1952.

Ernst Bloch: Prinzip Hoffnung. Erster Band. Frankfurt am Main [6] 1979.

Norbert von Frankenstein: Mythos Gold. Die Gier nach Reichtum und Macht. Frankfurt am Main 1993.

Katalin Horn- Gold, Geld. In: Enzyklopädie des Märchens. Band 5. Berlin, New York 1987.

C. H. V. Sutherland: Gold. Macht, Schönheit und Magie. Wien und München 1970.

Michael North: Das Geld und seine Geschichte – Vom Mittelalter bis zur Gegenwart. München 1994.

Wolfram Weiner: Geschichte des Geldes. Frankfurt am Main und Leipzig 1992.

Hans Joachim Funck (Hrsg.): Geld. Frankfurt am Main 1982/83

Rüdiger Diedrigkeit: Atlas Geld und Wertpapiere. Wiesbaden 1982/1986.

Wilhelm Seuß: Das Buch vom Geld. Freiburg im Breisgau 1969.

Oswald von Nell-Breuning/J. Heinz Müller: Vom Geld und vom Kapital. Freiburg im Breisgau 1962.

Michael Gabrielli (Hrsg.): Geld in Worten – Zitate, Aphorismen und Gedichte über das Geld. Frankfurt am Main 1990.

Robert W. Kent/Lothar Schmidt (Hrsg.): Geld – Aphorismen und Zitate aus drei Jahrtausenden. Reinbek bei Hamburg 1985/1990.

Waltraud Woeller/Matthias Woeller: Es war einmal … – Illustrierte Geschichte des Märchens. Freiburg im Breisgau 1990/1994.
Max Lüthi: Märchen. Stuttgart 1962/1996.
Diether Röth/Walter Kahn (Hrsg.): Märchen und Märchenforschung in Europa. Frankfurt am Main 1993.